Get Writing 겟라이팅 2

Get Writing
겟라이팅 2 스토리북을 만드는 방법 25가지

초판 1쇄 인쇄일	2013년 1월 3일
초판 1쇄 발행일	2013년 1월 13일

지은이	폴 존슨
옮긴이	김현아
펴낸이	권성자
펴낸 곳	도서출판 아이북

본문 표지 디자인	김지연
마케팅	김정우 이사
관 리	백주선, 최정미

주 소	서울 마포구 성산동 252-13 우경빌딩 2층
전 화	02-3672-7814
팩 스	02-6455-5994
출판등록번호	10-1953호 등록일자 2000년 4월 18일
이메일	ibookpub@naver.com
홈페이지	www.makingbook.net

값 15,000원

ISBN 978-89-89968-73-3 13800

Get Writing 2

by Paul Johnson
Original English edition was published by A&C Black Limited
Korean translation edition ⓒ Ibook Publishing Company 2008
This Korean edition was published by arrangement with
A&C Black Limited c/o Paul Johnson
through Best Literary & Rights Agency, Korea.
All right reserved

* 이 책의 한국어판 저작권은 베스트 에이전시를 통한
A&C Black c/o Paul Johnson과의 독점 계약으로
도서출판 아이북이 소유합니다.
이 책은 신저작권법에 따라 한국에서 보호되는 저작물이므로
저작권자의 서면 허락없이 게재, 복사, 전파, 전산 장치에 저장할 수 없습니다.

Get Writing
겟라이팅 2
스토리북을 만드는 방법 25가지

폴 존슨 지음 / 김현아 옮김

차 례
Contents

- 추천의 글 ········6
- 이 책을 만들면서 ········8
- 책만들기 활동 전에 알아야 할 것들 ········9
- 기본형 책만들기 ········16
- 책만들기와 교과과정 ········17

프로젝트
The Projects

1. 플랩북 ········22
2. 전통 오리가미 책 ········25
3. 팝업 오리가미 책 ········27
4. 놀라운 이야기 책 ········30
5. 세상 책 ········32
6. 책등 꾸밈 책 ········35
7. 접는 지도 책 ········37
8. 무한 책 ········40
9. 책등 잠금 책 ········42
10. 모음 책 ········45
11. 삼각형 책 ········47
12. 홈 책 ········50

13. 이음매 있는 팝업 ········52
14. 새 팝업 책 ········55
15. 그리스 신화 팝업 ········57
16. 역사 건물 팝업 ········59
17. 부채 팝업 ········61
18. 창문 팝업 ········64
19. 이야기 무대 ········66
20. 종이 장치 책 ········69
21. 종이 관절 장치 책 ········72
22. 분할 책 ········74
23. 비밀의 정원 책 ········76
24. 콘테이너 책 ········79
25. 책 받침대 ········82
교실 이야기 ········85

활용 템플릿
The Templates

기본 레이아웃 템플릿 1 ········90
기본 레이아웃 템플릿 2 ········91
팝업 오리가미 책 템플릿 ········92
극장 책 템플릿 ········93

추천의 글

'메이킹북'에서 '스토리 메이킹'을 더한 폴 존슨의 새로운 책만들기 책

♠ 폴 존슨의 새 책이 반갑습니다. 종이예술가이자 북아트교육가인 폴 존슨은 10여 년 전 『메이킹북』으로 우리에게 책만들기의 즐거움과 놀라움을 안겨주었지요. 그가 이번에는 책 형태뿐 아니라 그것에 '스토리 메이킹'을 더한 『겟라이팅』을 들고 찾아왔습니다. 아이들이 여러 가지 모습의 책을 만드는 것은 물론 그 책 안에 스스로 글쓰기까지 하는, 한 걸음 더 나아간 '책만들기 책'입니다.

『겟라이팅』은 초등학교 전 학년에 다 어울립니다. 얼핏 1권은 낮은 학년, 2권은 높은 학년용 같아 보이지만, 꼭 그렇지는 않습니다. 두 권에 소개된 책만들기의 형식과 내용을 보면 정말이지 다종다양, 별별 책들이 줄줄이 나옵니다. 그것들을 보다 깊고 넓게 적용할라치면 중학생은 물론 고등학생과 성인들도 즐겁고 신나게 책 만들며 놀 수 있습니다. 폴 존슨은 참으로 다정다감하게 그렇게 노는 방법을 알려줍니다.
이 책, 노작교육에 안성맞춤입니다. 종이 다루기부터 글쓰기까지, 그림 그리기부터 제본까지, 그야말로 책만들기 종합 체험 세트입니다. 아이들의 몸을 움직이게 하고 창의력을 키워주며 자신감을 심어주는 체험입니다. 이 책에 소개된 여러 아이들의 실제 체험(작품)을 보자니 자못 놀랍고 신통방통합니다. 그들은 뚜렷한 생각과 독창적인 주제를 내보입니다. 솔직하고 가끔은 엉뚱하게 저마다 갖가지 이야기를 들려줍니다. 아, 아이들에게 발상의 기회를, 표현할 기회를 자꾸자꾸 줘야겠구나, 새삼 생각하게 합니다. 늘 어른들이 늦습니다.
『겟라이팅』이 학교도서관에서 널리 '쓰이길' 바랍니다. 이 책은 서가에 꽂아 두고 이 사람 저 사람이 돌아가며 볼 책이 아닙니다. 쓱 훑어보면 그만인 책도 아닙니다. 알

다시피 이 책은 그냥 읽기만 하면 아무 소용없습니다. 이 책을 따라 하여 또 다른 책을 만드는 데 이 책의 본디 쓰임새가 있으니까요. 그렇게 '쓰이길' 바랍니다. 그런데 왜 학교도서관에서?! 그곳이 통합교육 최적의 장소이기 때문입니다. 『겟라이팅』은 미술과 국어의 만남이랄 수 있겠는데, 학교도서관은 미술교과와 국어교과가 언제든 만날 수 있는 곳입니다. 그곳에는 미술 관련 책과 국어 관련 책이 얼마든지 있습니다.

뿐인가요. 학교도서관에는 사서(교사)가 있어 담임교사나 교과교사가 사서(교사)와 손잡고 아이들과 책만들기를 할 수 있습니다. 사서(교사)는 아이들 글쓰기의 바탕이 되는 정보원을 알려주는 길잡이입니다. 이 책에 소개된 '그리스 신화 팝업', '역사 건물 팝업'을 한번 보세요. 이들 책을 만들려면 내가 다룰 신화와 역사, 건물을 알아야 이야기를 짓고 글쓰기를 할 수 있습니다. 그와 관련한 자료를 찾는 길잡이가 아이들 곁에 있으면 얼마나 좋겠습니까. 교과교사와 사서(교사)가 학교도서관에서 이 책으로 만나면 그대로 하나의 협력수업이 될 것입니다.

우리 아이들이 『겟라이팅』을 즐기길 바랍니다. 아이들이 저 스스로 캐릭터와 스토리를 지어내 나만의 책을 만드는 값진 체험을 하도록 이끌어 주세요. 그리고 함께 즐기세요. 교사와 부모가 함께하는 책만들기는 아이들에게 '스스로'와 '더불어'라는 참 사람의 가치를 자연스레 깨닫게 할 것입니다. 몸소 종이 접기와 자르기로 시작하여 글쓰기에 이르는 노작은 아이들에게 씨 뿌려 열매 거두는 일의 보람까지 일깨우리라 생각합니다. 직접 책을 만들어 보는 일이 아이들을 '평생 독자'로 길러내는 데 알게 모르게 도움이 된다면 더할 나위 없겠습니다.

연 용 호 〈학교도서관저널〉 편집주간

Introduction
이 책을 만들면서

〈겟라이팅 1〉의 자매편이라고 할 수 있는 이 책에는 75가지가 넘는 새로운 책만들기가 들어 있습니다. 대체로 종이와 가위만 있으면 만들 수 있는 것들입니다. 들어올리는 플랩, 지도 접기, 팝업과 종이로 만드는 장치 등 재미있는 기법이 담긴 책이어서 7~12세 아이들이 즐겁게 만들 수 있습니다. 아이들이 창의적으로 교과과정에 몰입하게 되면 아이들의 학습 태도도 좋아지고, 자연스럽게 학습 내용의 질도 높아진다는 연구 결과가 있습니다.

책만들기는 아이들이 스스로 책을 만들면서 거기에 들어 있는 글, 그림과 즐겁게 소통하는 것을 목표로 하고 있습니다.

폴 존슨

책만들기 활동 전에 알아야 할 것들

The projects
프로젝트 진행하기

이 책은 여러가지 프로젝트를 할 수 있게 꾸며져 있습니다. 각 프로젝트는 기본형 책을 만드는 것에서부터 시작해서 기본형 책을 다양하게 응용, 확장하는 것으로 진행됩니다. 책을 만들 때 정교한 기술이 필요한 것은 아니지만 각 페이지에 나오는 책만들기가 먼저 나온 아이디어에서 발전한 것이기 때문에 종이를 다루는 기술은 점점 정교해질 것입니다.

각 페이지마다 글쓰기와 그림 그리기에 대한 아이디어가 나와 있습니다. 7세 정도는 글을 쓰고, 좀더 큰 아이들은 복합적인 방식으로 만들기할 수 있으므로 다양한 연령대가 사용할 수 있습니다. 그렇다고 이 책을 활용하는 방식이 따로 있는 것은 아닙니다. 그러므로 교사의 계획에 맞는 방법이나 가르치고 있는 아이들이 좋아할 만한 아이디어를 선택해서 사용할 수 있습니다.

Showing children how to make books
아이들에게 책 만드는 방법 보여주기

먼저 아이들이 지켜보는 앞에서 책을 접어나가는 과정을 차례차례 보여줍니다. 그런 다음 아이들에게 따라하게 하면서 다시 접습니다. 천천히 접어 보이고, 접는 과정마다 어떻게 하는지 되풀이해서 보여줍니다. 빨리 이해하는 아이들이 있는가 하면 더디게 이해하는 아이들도 있습니다. 한 아이가 선생님이 되어 앞의 과정만 친구들에게 시범을 보일 수도 있습니다. 짝을 이루어 접게 하면 어려운 부분이 나왔을 때 짝이 도와줄 수 있습니다. 접는 도중에 문제가 생길 수 있으므로 항상 여분의 종이를 준비해 두어야 합니다. 그리고 왼손잡이 아이들을 위해 접는 방법을 오른손과 반대로 보여주어야 한다는 점도 기억해 둡니다.

만드는 방법을 설명하고 보여줄 때 그림을 그려 설명하면 도움이 될 것입니다. 전자 칠판(IWB)이 있으면 이때 그린 그림을 나중에 다시 사용할 수 있도록 저장해 놓으면 됩니다.

- **책만들기 – 누가 무엇을 만들까?**
  MAKING THE BOOKS – WHO DOES WHAT?

때로는 교사가 만드는 과정에 개입하기도 하고, 만들어주어야 하는 부분이 있기도 하지만 책 만들기가 끝났을 때 아이들이 '내가 다 만들었어요'라고 말할 수 있어야 합니다. 책 만드는 시간이 너무 길어지면 교사나 보조 교사가 어느 정도 만들어 주어야 하는 상황이 생기게 마련입니다. 이럴 때는 교사가 미리 기본접기를 해놓고, 아이들이 접기나 오리기를 마무리하도록 하는 것이 좋습니다.

- **연습 모형과 완성 모형 만들어보기**
  ROURH AND FINISHED MODELS

본격적인 책만들기에 들어가기 전에 A4 크기의 용지에 만들 책의 초안을 미리 완성시킬 수도 있습니다. 초안 만들기를 하면 본격적인 책만들기에 앞서 연습할 수도 있습니다. 또한 이것을 집으로 가져가 가족과 친구들에게 보여주게 해도 좋습니다.

Materials and equipment

재료와 도구 알아보기

- **종이** PAPER

기초를 그릴 때는 복사용지가 적당하지만 완성된 작품을 만들 때는 좋은 재질의 종이를 사용하는 것이 좋습니다.

- **종이 크기** PAPER SIZE

본문의 내용과 길이에 따라 정해놓은 종이 크기는 단지 지침일 뿐입니다. 책만들기 프로젝트의 성격에 따라 사용할 종이 크기를 임의로 정해야 하는 경우도 있습니다. 종이가 크면 접기가 어렵지만 일단 접은 다음에는 다루기가 쉽습니다. 글을 쓰고 그림을 그리는 공간이 얼마나 되느냐 하는 점도 중요한 요소가 됩니다.

정사각형 종이나 세 부분으로 나눈 종이가 필요한 경우도 있습니다. 다음은 정사각형 종이와 3등분한 종이를 만들기 위한 간단한 자르기 방법입니다.

- **직사각형 종이를 정사각형으로 자르기**
  CUTTING A SQUARE FROM RECTANGULAR PAPER

길이가 짧은 쪽 변을 길이가 긴 쪽 변에 일직선으로 맞춥니다. 아랫변과 맞닿는 부분을 수직으로 접었다가 펼치고, 나머지 부분을 잘라 냅니다.

- **3등분한 직사각형 종이 만들기**
  DIVIDING A RECTANGLE EQUALLY INTO THREE PARTS

종이의 왼쪽 가장자리에 자의 눈금 0을 맞추고, 자를 비스듬히 해서 종이의 반대편 가장자리에 닿게 하면 9, 15, 21처럼 쉽게 종이를 3등분할 수 있습니다.

- **도구** TOLLS

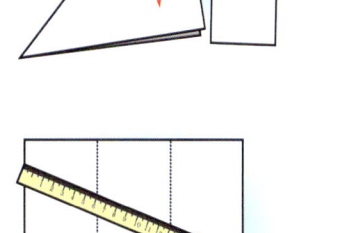

책만들기 프로젝트를 진행할 때는 대개 종이와 가위만 있으면 됩니다. 그러나 풀과 자가 필요한 경우도 더러 있습니다. 풀은 얇은 종이로 초안을 만들 때 쓸 수 있습니다. 더 두꺼운 종이로 만든 책이나 팝업책에는 PVA 풀을 사용해야 잘 붙습니다. 특별한 프로젝트를 할 때는 여러 가지 다른 것들도 사용해야 합니다. 아이들이 접는 선과 오리는 선을 정확히 그리려면 연필과 자를 사용해야 합니다. 교사는 아이들이 자르기 전에 정확한 선을 그렸는지 확인을 해야 하고, 쓸 지우개도 준비해야 합니다. 자는 뾰족한 끝을 접을 때도 유용하게 사용할 수 있습니다.

* 가위를 사용할 때는 아이들이 안전하게 사용할 수 있도록 사용 방법을 알려주는 것도 잊지 않도록 합니다.
* 가위를 쓰지 않을 때는 닫아놓도록 합니다.
* 종이를 가위질하는 방향 아래쪽에 놓습니다.
* 책만들기를 할 때 종이조각 아래에 가위가 숨어 있지 않은지 확인합니다.

- **초안 잡기 책** HIDDEN DRAFTING BOOKS

없애고 싶지 않은 초안을 보이지 않게 숨겨놓고 교사나 아이 모두 평가가 필요할 때 볼 수 있게 한 것이 초안을 숨긴 책입니다. 하나의 포맷에 초안 만들기 과정과 보여줄 수 있는 글쓰기 과정을 모두 담고 있는, 간단하면서도 효과적인 방법입니다.

1. A4 크기의 종이를 세로로 한 번, 가로로 한 번 접었다가 펼칩니다.
2. 가로로 길게 놓거나 세로로 길게 놓고, 위쪽의 절반에 초안을 만들어보고, 아래쪽 절

반에 최종 완성을 합니다.
3. A4 크기의 종이를 마스킹테이프(보호 테이프)로 이어 붙이면 페이지를 늘릴 수도 있습니다.
4. 완성되었으면 위쪽 절반을 아래쪽 뒤로 접습니다.
5. 간단한 표지를 만들어서 첫 페이지와 끝 페이지를 표지의 날개 부분에 끼워넣어 초안을 숨깁니다.

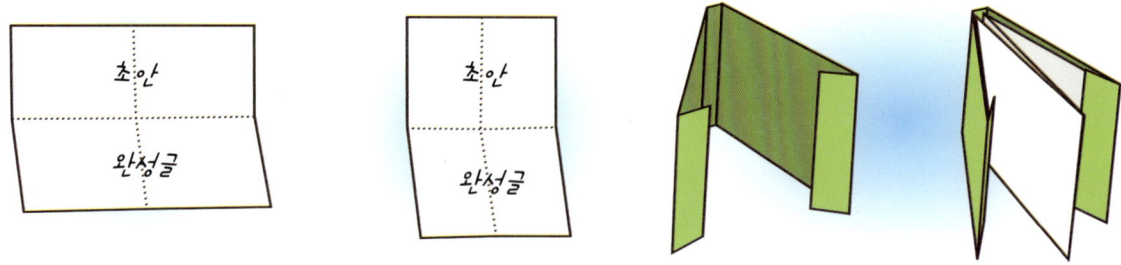

Writing
글쓰기

책의 모양과 함께 거기에 들어갈 글도 미리 염두에 두고 준비해야 합니다. 가능하다면 아이들이 처음 '연습용' 책에 미리 초안을 잡아 보고, '완성된' 책에는 수정한 글을 써 넣도록 하는 것이 좋습니다. 고학년 아이들은 각 페이지에 어떤 글을 써 넣을지 계획을 세워보도록 합니다. 책을 몇 장으로 만들지 정한 경우에는 각 페이지의 일정한 크기 안에 글이 모두 들어가야 합니다. 예를 들면 글은 열 줄, 한 줄에 아홉 자가 들어가야 한다는 식으로 구체적으로 정해야 합니다. 이런 규칙은 글을 편집하고 고칠 때 반드시 교사가 알려주어야 합니다. (예를 들어 24쪽에 나오는 무한 책처럼) 길이에 제한이 없는 책이라면 아이들은 길이의 제한 없이 자유롭게 글을 쓸 수 있습니다.

Artwork
일러스트레이션

팝업 책을 만들 때는 풀을 붙이는 마지막 과정을 하기 전에 모든 일러스트레이션을 그려야 합니다. 여러 부분을 모두 풀로 붙인 다음에는 일러스트레이션을 그리기가 쉽지 않습니다. 이 책에 나와 있는 사진 속의 그림들은 대부분 색연필로 그린 것입니다. 사인펜을 사용할 수 있지만 지나치게 많이 사용하다 보면 아름다운 그림을 망치기가 쉽습니다. 하지만 가느다란 검은색 펜은 특히 섬세한 표현을 할 때 사용하면 아주 좋습니다. 종이가 늘어져서 모양이 변할 수 있으므로 물감은 사용하지 않도록 합니다.

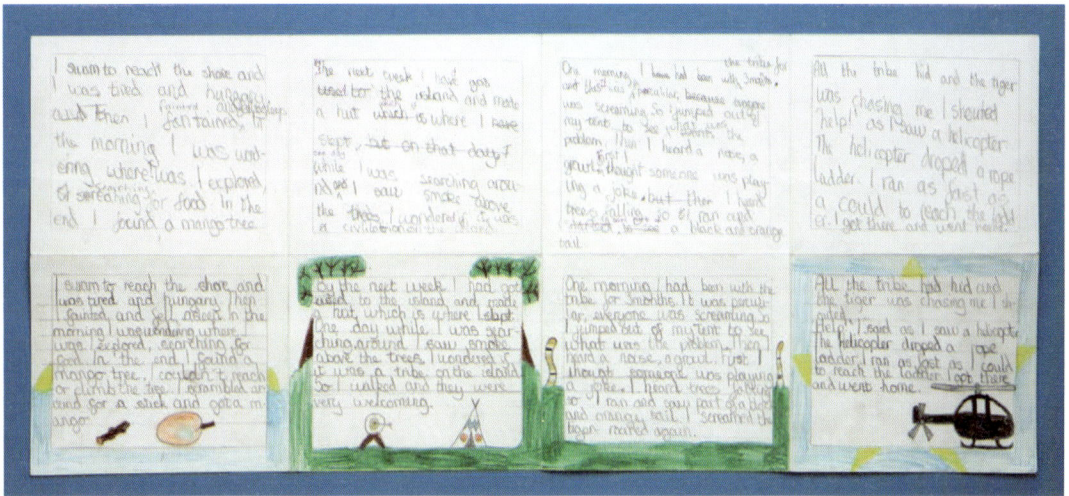

→ 바니(9세)가 만든 「조난 사고」입니다. 마이클 모퍼고의 「켄슈크 왕국」은 이 책에 영감을 주었습니다. 윗부분에 초안을 작성해 놓고, 아랫부분에 완성을 하였습니다. 완성글을 쓰기 전에 페이지보다 1cm 작은 템플릿으로 여백을 그려놓았습니다. 그리고 글로 채우지 못한 부분에는 삽화를 그렸고, 장식 테두리까지 넣었습니다.

In-house publishing
집에서 출판하기

종이 한 장으로 만드는 책의 또 다른 장점은 복사기를 이용하여 책을 여러 권 만들어 출판할 기회를 갖는다는 데 있습니다. 학급에서 흑백이나 컬러로 된 책을 아름답게 디자인하여 만들어 낼 수도 있습니다. 요즘에는 쉽게 컴퓨터 프린터로 컬러 복사를 할 수 있어서 A4 크기의 용지로 작업한 작품은 한꺼번에 많은 책을 만들 수 있습니다.

- **책 디자인하기** DESIGNING THE BOOK

오리가미 책은 앞표지와 뒤표지 그리고 본문 6쪽으로 이루어져 있습니다. 지그재그 책은 뒤표지가 따로 없어서 앞표지와 연결되어 있는 마지막 페이지가 글을 쓸 수 있는 여분의 페이지가 되기도 하고, 뒤표지에 들어가는 책 광고를 싣는 페이지가 될 수도 있습니다. 주제가 어떤 것이든 책에 그림이 들어가면 훨씬 더 재미있어 보입니다. 게다가 그림은 글이 할 수 없는 의미를 전달해 주는 역할을 합니다. 기본적인 본문 디자인에서는 페이지 아래쪽 여백이 위쪽 여백보다 약간 더 넓은 것이 훨씬 보기 좋습니다. 학교 복사기로 프린트할 때는 여백이 얼마나 남는지 꼭 확인하도록 합니다. 여백의 테두리 부분을 멋지게 디자인할 생각이라면 더더욱 확인해야 합니다.

- **초안 만들기** DRAFTING THE BOOK

종이 한 장을 완성된 책의 모양이 나오도록 접고, 연필로 쪽 번호를 매깁니다. A4 크기의 용지로 책을 만들면 페이지의 크기가 A7 크기보다 약간 작게 나옵니다. 그러므로 A3 크기의 종이로 만드는 것이 페이지 크기가 적절합니다. 그런 다음 가장 알맞은 페이지 디자인을 생각해 봅니다. 예를 들어 글이 들어 있는 페이지와 그림이 들어 있는 페이지를 번갈아 나오게 할 수도 있고, 페이지의 절반은 글, 절반은 그림이 들어가게 할 수도 있습니다.

종이를 펼치고 각 페이지의 방향과 순서를 쉽게 알아볼 수 있도록 쪽 번호를 매깁니다. 학생들은 어떤 책을 만들지 계획을 세우고 6쪽에 미리 대충 글을 써 보아야 합니다. 그리고 그림 자리를 남겨 놓습니다. 그렇다고 반드시 모든 페이지에 글이 들어가야 한다는 뜻은 아닙니다. 양면에 그림이나 도표, 지도가 들어가는 경우도 있습니다. 그리고 종이의 가장자리에서 1cm 들어간 자리에 테두리선을 긋고, 필요한 경우에는 글 쓸 자리에 줄을 칩니다. 그런 다음 연필로 글의 초안을 씁니다. 편집이 끝나면 책은 남에게 보여줄 만한 단계에 이르게 될 것입니다.

교사가 미리 완성해 둔 템플릿(모양 틀)을 아이들에게 제공하는 방법도 있습니다. 하나는 초안을 만들어 보고, 다른 하나는 완성된 책을 만들 수 있도록 2장씩 복사해서 나눠 줍니다. 이 책의 84페이지와 85페이지에 2개의 템플릿(사진에 사용한 한 가지 샘플을 포함하여)이 나와 있습니다.

- **북마스터 만들기** CREATING THE BOOK MASTER

종이에 접은 자국이 없으면 복사기에 북마스터(완성책 모형)를 앉히기가 훨씬 쉽습니다. 그러므로 연필과 자를 이용해 종이에 각 페이지의 위치를 그리고, 종이를 접지 않고 내용을 완성하는 것이 이상적입니다. 검은 잉크로 글을 쓰는(아니면 연필로 쓴 글을 따라 쓰거나) 것이 좋습니다. 그래야 복사할 때 더 잘 나옵니다. (컬러 복사를 하는 것이 아니라면) 이 단계에서 그려야 할 그림도 함께 그려 넣습니다.

좀더 복잡하게 만든 책인 경우에는 컴퓨터와 워드 프로세서로 화면 상에서 글을 쓰고(그림을 그리고), 페이지 구성을 디자인할 수 있습니다.

- **표지** THE COVER

표지 디자인은 연필로 조심스럽게 해야 합니다. 위쪽에 제목을 쓰고, 아래쪽에 작가의 이름을 씁니다. 그런 다음 연필로 쓴 것을 펜으로 따라 씁니다. 앞표지에는 제목을 넣고 가운데 부분에 책의 내용에 나오는 그림을 넣습니다. 책 광고가 들어가는 뒤표지에는 책의 줄거리, 작가 소개 등으로 꾸밀 수 있습니다. 페이지의 여백에는 출판사나 학교의 로고를 예쁘게 만들어 넣습니다.

• **북마스터 복사하기** COPYING THE BOOK MASTER

완성된 북마스터(책 모형)가 정확한 위치에 놓이도록 조심스럽게 복사기 위에 앉힙니다. 복사한 페이지들이 정확하게 접어지지 않으면 실패하기가 쉽습니다. 여러 복사기를 사용할 경우에는 똑같은 것이 나오지 않을 수 있으므로 한 복사기에서 필요한 양만큼 한꺼번에 하는 것이 좋습니다.

→ 짐(7세)이 만든 「쉬지 않고 튀어오르는 공」입니다. 이 북마스터는 60쪽에 나오는 평면 템플릿을 이용해 만든 것입니다. 책의 위쪽 반은 아래 위가 뒤바뀌어 있다는 점을 꼭 알아두어야 합니다.

→ 이소벨(11세)이 만든 「빅토리아 여왕시대 사람들」입니다. 이소벨은 빅토리아 시대의 생활상을 프로젝트 북에 담았습니다. 대부분 한 가지 주제를 한 페이지에 담는 방식으로 만들었습니다. 단, 학교에 관한 주제만 펼침면으로 다루었습니다. 이소벨은 그림과 글이 함께 들어간 페이지를 계획하였습니다. 글쓰기 방식은 논픽션 이야기로 되어 있습니다.

→ 흑백이나 컬러 복사기를 이용해서 출판한 책들을 모아 놓았습니다. 컬러로 된 그림은 끼워붙인 것입니다. 그러니까 그림을 컬러로 복사한 다음 오려서 페이지 위에 붙이는 것입니다. 흑백으로 복사한 책을 색종이에 인쇄하면 훨씬 더 멋져 보일 수 있습니다.

Making the basic books
기본형 책만들기

The zigzag book
지그재그 책

기본형 책은 대체로 직사각형으로 8등분한 종이 한 장으로 만들기 시작합니다. 종이 한 장 말고는 다른 것이 아무것도 필요하지 않기 때문에 8쪽짜리 지그재그 책(아코디언 책)은 기본형 책 중에서도 가장 일반적이고 만들기도 쉽습니다.

1. 종이를 가로로 길게 놓고 오른쪽에서 왼쪽으로(왼손잡이는 그 반대로) 접습니다.

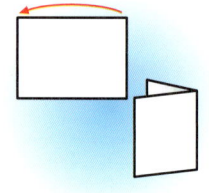

2. 반으로 접은 종이 끝을 접힌 쪽으로 반 접습니다. 종이를 돌려놓고 반으로 접은 종이 끝을 접힌 쪽으로 다시 반 접습니다.

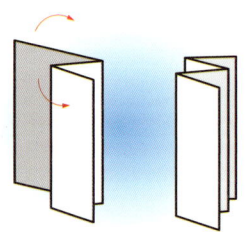

3. 접었던 종이를 M자 모양이 나오도록 펼칩니다. 그런 다음 종이를 판판하게 합니다.

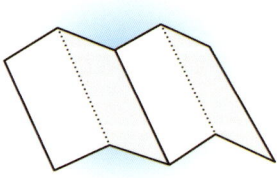

4. 종이를 가로로 길게 놓고 반 내려 접습니다.

5. 지그재그로 접으면 책이 완성됩니다.

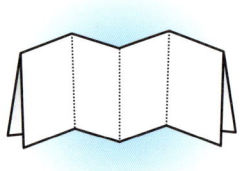

The origami book
오리가미 책

8개의 직사각형을 이용하여 만드는 기본형 책 중에서 가장 많이 알려져 있는 방법입니다. 기본형 지그재그 책에 가위질을 한 번 하고, 다른 접기 방법을 이용하면 표지가 있는 펼침면이 3개인 멋진 책이 만들어집니다.

1. 지그재그 책을 펼친 다음, 가로로 길게 놓고 반을 접습니다. 접힌 쪽 면에 가위를 대고 윗면과 평행하게 접힌 자국을 따라 절반만 자릅니다.

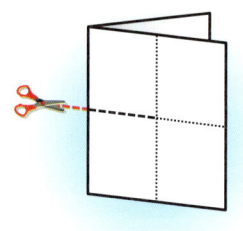

2. 종이를 펼쳐서 가로로 길게 놓은 다음, 위에서 아래로 반을 접습니다. 왼쪽과 오른쪽 끝을 가운데 방향으로 밀어서 닿게 합니다.

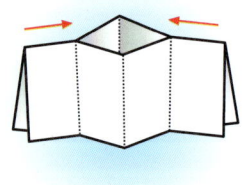

3. 그림처럼 접어서 책을 완성합니다.

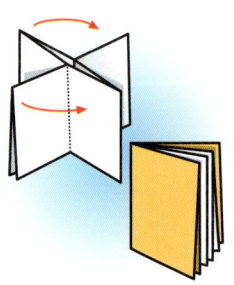

Making books and the curriculum

책만들기와 교과과정

책만들기는 창의적인 글쓰기 방식에서 미술과 디자인, 종이 공예 기법에 이르기까지 여러 방면을 배우는 데에 매우 효과적인 교과통합방식입니다. 〈겟라이팅 2〉는 아이들이 모든 교과에서 글쓰기 능력을 활용하도록 합니다. 그리고 그렇게 함으로써 문장력을 향상시킬 것입니다. 이 책에는 여러가지 이야기 글, 논픽션 글과 관련된 아이디어가 많이 들어 있습니다. 그리고 영어, 수학, 과학, 종교, 역사, 지리, 미술과 디자인, 시민의식 교육, 기술 과목과 관련해서 책만들기를 할 수 있는 기회가 들어 있습니다.

아래에 있는 표는 이 책에 있는 '겟라이팅(이렇게 활용하세요!)' 부분에 나오는 활동들이 3~6학년(영국에서는 Key Stage 2 단계로 표기되어 있습니다. 이 수준까지는 알아야 한다고 정해놓은 나이별 지식 단계입니다-옮긴이 주) 어린이들이 어떤 교과, 어떤 주제와 연관지을 수 있는가를 알려주고 있습니다. 도형, 측정, 분수에 초점을 맞춘 부분도 있습니다. 책의 형태와 응용에 맞추어 활용하는 데 도움이 될 것입니다.

책	읽고 쓰기 – 여러 유형의 글쓰기	주제
1 플랩북	* 인물 이야기 * 비연대기순으로 되어 있는 보고서 * 간단한 사물 정보 쓰기 * 논픽션	* 과학 : 식물과 성장 * 지리 : 세계의 날씨 * 과학 : 건강한 먹을거리 * 역사 : 고대 이집트 * 과학 : 동물의 습성
2 전통 오리가미 책	* 토론거리가 있는 이야기 * 옛이야기 * 논픽션 * 설득하는 글쓰기 * 세부 묘사 * 시 * 말놀이 * 정보 글 * 성격 묘사와 인물 단평	* 시민의식 교육 : 선택 * 과학 : 건강 돌보기 * 역사 : 지역 사회/가족 * 역사 : 빅토리아 시대의 발명가들
3 팝업 오리가미 책	* 가상의 세계를 그린 이야기 * 배경 만들기 * 해명서 * 사용설명서 * 대화문 * 성격 묘사와 인물 단평 * 그림 이야기책 * 그림 설명글 * 도표	* 과학 : 우주 * 과학 : 동물의 라이프 사이클 * 디자인과 기술 : 움직이는 이야기책

4 놀라운 이야기책	* 토론거리가 있는 이야기 * 보고서 * 배경 묘사하기 * 인물 이야기 * 모험과 미스터리 * 배경 만들기	* 시민의식 교육
5 세상 책	* 정보 글 * 그래프와 도표 * 보고서 * 다시 만든 이야기 * 전설 * 지도 * 설득하는 글 * 목록	* 과학 : 태양계 * 지리 : 고장 비교하기 * 역사 : 탐험 * 지리 : 인도에 있는 마을
6 책등 꾸밈 책	* 세부묘사 * 일기 * 보고서 * 문화가 다른 문화를 고쳐 쓴 이야기 * 기사문 쓰기	* 역사 : 2차 세계 대전 * 역사 : 빅토리아 시대의 아이들
7 접는 지도 책	* 고쳐쓰는 옛이야기 * 간단한 사물 정보 쓰기 * 그림 설명글 * 내용이 있는 페이지 * 사용 설명서 * 옛이야기 연장하기 * 보고서 * 설득력 있는 글쓰기 * 목록	* 지리 : 우리 동네 지도 그리기 * 디자인과 기술 : 어드벤처 놀이공원 장비 꾸미기 * 과학 : 이와 음식 먹기 * 에너지는 집에서 사용한다
8 무한 책	* 세부묘사 * 신문과 잡지 * 파생된 글쓰기	
9 책등 잠금 책	* 목록 * 사용 설명서 * 보고서 * 그래프와 도표 * 정보 글 * 그림 설명글 * 스크랩북 만들기	* 디자인과 기술 : 악기 * 음악 : 악기 알아보기 * 미술과 디자인 : 패턴 조사하기 * 시민의식 교육 : 어린이의 권리와 의무

10 모음 책	* 보고서 * 비교하기 * 간단하게 사물 정보 쓰기 * 인물 이야기	* 지리 : 강에 대해 조사하기, 해안 조사하기 * 과학 : 열대우림과 산림벌채 * 과학 : 서식지 * 지리 : 지역 환경 개선 * 미술과 디자인 : 유명한 예술가들
11 삼각형 책	* 설득력 있는 글쓰기 * 보고서 * 상징 * 등장인물 묘사 * 일기와 연중행사 일람	* 역사 : 바이킹과 로마의 식민지 * 종교 교육 : 기호와 상징 * 역사 : 중세의 성들 * 역사 : 빅토리아 시대의 아이들
12 홈 책	* 설득력 있는 글쓰기 * 글자 쓰기 * 가상 세계를 그린 이야기 * 성격묘사와 인물 단평 * 보고서 * 알려진 이야기의 배경 이용하기 * 사실 기록하기	* 과학 : 우주 * 과학 : 동물의 라이프사이클 * 디자인과 기술 : 움직이는 이야기 책
13 이음매 있는 팝업	* 토론거리가 있는 이야기 * 보고서 * 배경 묘사하기 * 인물이야기 * 모험과 미스터리 * 배경 만들기	* 과학 : 인간과 동물의 라이프 사이클 * 지리 : 멸종위기의 동물
14 새 팝업 북	* 정보 글 * 말풍선 * 사용설명서 * 사실 기록하기 * 가상 세계를 그린 이야기 * 보고서 * 토론거리가 있는 이야기	* 과학 : 새의 서식지, 새는 어떻게 날까? * 역사 : 로마 문화와 상징 * 과학 : 자연 보호
15 그리스 신화 팝업	* 신화와 전설 다시 만들기 * 홍보 글쓰기 * 역사적 배경이 있는 이야기 * 알려진 배경이 있는 이야기 만들기	* 역사 : 고대 그리스

16 역사 건물 팝업	* 확대된 그림 설명글 * 계획서 * 세부묘사 * 간단한 사물 정보 쓰기 * 인물의 성격 만들기 * 역사적 배경이 있는 이야기 * 보고서 * 익숙한 배경 포스터로 만드는 이야기 * 옛이야기를 다시 만들기	* 역사 : 튜더 왕조 시대의 부와 가난 * 역사 : 빅토리아 시대의 아이들 * 디자인과 기술 : 건축물
17 부채 팝업	* 배경이 익숙한 이야기 * 세부묘사 * 정보 취합 * 간단한 사물 정보쓰기 * 설득력 있는 글 * 포스터 * 다른 문화권의 이야기 다시 만들기	* 지리 : 중국 사람들의 생활 * IT(정보통신)교육 : 인터넷 검색 * 과학 : 환경
18 창문 팝업	* 시 * 깊이 생각하고 글쓰기 * 알려진 이야기의 한 장면을 다시 만들어 보기 * 홍보 글쓰기	* 과학 : 계절 * 음악 : 크리스마스 캐롤 * 지리 : 역사적인 건물, 관광
19 이야기 무대	* 옛이야기와 우화를 다시 만들어 보기 * 구성 짜기 * 등장인물과 배경 만들기 * 각본 * 정보 글 * 세부묘사 글 * 홍보 글쓰기 * 공식적인 글쓰기 * 메시지	* 디자인과 기술 : 놀이공원의 장비 * 시민의식 기르기 : 대화 나누기 * 역사 : 런던 대화재
20 종이 장치 책	* 목록 * 사용설명서 * 시 * 역사적 배경이 있는 이야기 다시 만들어 보기 * 공상과학 * 편지 쓰기	* 과학 : 음식을 건강하게 먹기 * 역사 : 고대 그리스 * 과학 : 우주

21 종이관절 장치 책	* 기사문 쓰기 * 비연대기순으로 되어 있는 보고서 * 홍보 글쓰기 * 정보들을 모아 글쓰기 * 성격묘사와 인물특징 묘사하기	* 역사 : 빅토리아 시대의 장난감 * 과학 : 이와 음식 먹기 * IT(정보통신)교육 : 인터넷 검색 * 과학 : 영국에 있는 새들의 서식지
22 분할 책	* 등장인물의 성격 만들기 * 역사적 배경이 있는 이야기 * 성격묘사와 인물 단평 * 정보 글	* 지리 : 영국의 여러 지방 비교하기 * 과학 : 서식지
23 비밀의 정원 책	* 시 * 배경을 상상해서 만들기 * 그림 설명 글	* 시민의식 교육 : 대화하기 * 과학 : 식물
24 콘테이너 책	* 메시지 * 공동 창작(이야기와 논픽션)	* 반 전체나 모둠 수업을 할 때 유용함
25 책 받침대	* 시와 1쪽짜리 글쓰기 프로젝트	* 개인이나 모둠 수업을 할 때 유용함

Flap books
1. 플랩북

들어올리는 플랩북은 18세기에 처음 생긴 이후로 어린이 책에서 줄곧 인기를 누려온 형태입니다. 아이들은 들어올리는 플랩북을 만드는 프로젝트를 아무런 장치가 없는 밋밋한 책을 만드는 것보다 훨씬 더 재미있어 합니다.

Make the single flap book
한 방향으로 들어올리는 플랩북

1. A4 크기의 종이로 만든 지그재그책(12쪽 참조)을 펼쳐서 점선을 따라 자릅니다.

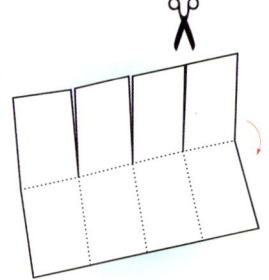

2. 위쪽의 플랩을 앞으로 내려 접습니다.

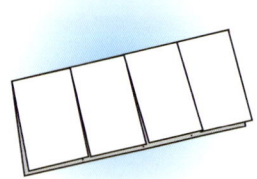

겟라이팅

• 활용 1
'내가 누군지 맞춰 봐'라는 책을 만듭니다. 플랩을 닫고 플랩 위에다 유명한 사람이나 스포츠 스타를 설명하는 말을 씁니다. 플랩 아래에는 그 사람을 확인할 수 있는 것, 그 사람에 대한 자세한 소개를 쓰는 것입니다. 사진까지 붙일 수 있으면 더욱 좋습니다.

• 활용 2
'소원을 말해 봐'라는 책을 만듭니다. 플랩을 닫고 그 위에다 '소원 1', '소원 2' 등을 순서대로 씁니다. 플랩 아래에는 '~을 할 수 있었으면 좋겠어'라고 미래형의 문장을 쓰도록 합니다.

• 활용 3
종이를 옆으로 돌립니다. 플랩을 닫고 그 위에다 식물의 뿌리, 줄기, 잎과 꽃을 그립니다. 플랩 아래에는 식물의 각 부분이나 성장 단계에 대해 설명글을 쓰도록 합니다.

양 방향으로 들어 올리는 플랩북

1. A3 크기의 종이를 세로로 길게 반 접습니다. 다시 펼친 다음 가운데 중심선을 기준으로 양쪽 종이를 반으로 접습니다. 다시 종이를 펼치고 이번에

는 가로로 반 접고, 다시 중심선 접은 자국에 종이 끝을 맞추어 반을 접었다가 펼칩니다. 종이를 가로로 길게 놓고 종이의 위쪽과 아래쪽에서 처음 접은 선까지만 수직으로 모두 오립니다.

2. 플랩을 종이의 가운데 방향으로 양쪽에서 접습니다.

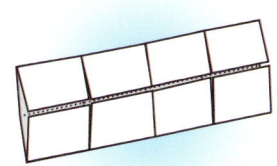

문 아래에 문이 있는 책

1. A4 크기의 종이를 가로로 길게 놓고 반을 접습니다. 그리고 다시 반을 접습니다. 표지가 되는 맨 앞장을 크게 잘라 들어올리는 플랩을 만듭니다.

2. 그 아래 면을 앞표지의 문보다 약간 작게 자른 다음, 들어올리는 플랩을 만듭니다.

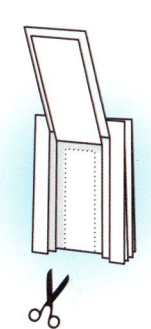

3. 그 아래 면에서도 똑같은 과정을 되풀이합니다.

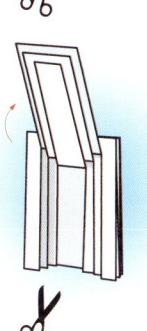

겟라이팅

- **활용 4**
'그 뉴스는 무슨 내용일까?'라는 책을 만들어봅니다. 위쪽 플랩을 닫고 플랩 위에다 뉴스 제목을 써 보게 합니다. 아래쪽 플랩에는 간단하게 기사를 소개하는 글을 씁니다. 플랩의 안쪽에는 더 상세한 뉴스 내용을 이어서 쓰도록 합니다.

- **활용 5**
저학년 아이들과는 날씨 책을 만들어봅니다. 위쪽 플랩에 여러가지 날씨를 그림으로 표현하고, 아래쪽 플랩에는 날씨를 기호로 나타냅니다. 플랩 안쪽에는 상세한 설명을 써 넣도록 합니다. 활동을 하면서 아이들에게 자기들보다 더 어린아이들이 읽는다면 어떤 점을 배려해야 하는지 생각해보게 합니다.

- **활용 6**
'수퍼 샐러드 북'이라는 책을 만듭니다. 시저 샐러드나 니수아즈 샐러드 같은 이름을 위쪽 플랩에 씁니다. 아래쪽 플랩에는 샐러드 그림을 그립니다. 그리고 플랩 안에는 레시피(조리법)를 쓰도록 합니다.

- **활용 7**
두탕카멘의 관이 있는 방을 만듭니다. 첫 번째 문을 열면 대기실이 나오고, 두 번째 문을 열면 관이 있는 방이 나오고, 세 번째 문을 열면 보물이 가득 있습니다. 플랩이 이집트 미라를 감싸고 있는 붕대라고 상상해봅니다. 플랩의 겉면에 부적을 그리고, 플랩 안쪽에 어떤 목적으로 부적을 만들었는지 설명하는 글을 씁니다.

• 활용 8

'동물의 집'이라는 책을 만듭니다. 각 문의 안쪽에 플랩 위에 그려진 동물의 서식지를 설명하는 글을 씁니다. 동물의 모양이나 크기에 맞추어 문의 크기를 정할 수 있습니다.

→ 레베카(8세)가 만든 「투탕카멘의 무덤」입니다. 겟라이팅 활용 7에서 제안한 예시 프로젝트 결과물입니다. 문 하나하나는 무덤 안의 대기실, 관이 있는 방, 보물이 있는 방을 나타냅니다.

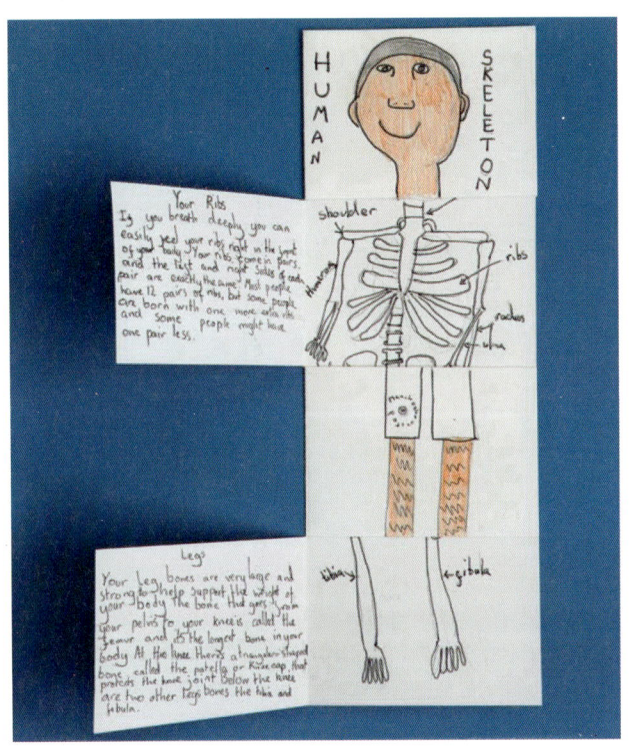

→ 앤서니(8세)가 만든 「사람의 뼈」입니다. 앤서니는 표지에 자신을 그리고, 플랩 아래를 네 부분으로 나누어 뼈를 그렸습니다. 앤서니는 플랩 아래에 각 부분이 각각 어떤 역할을 하는지 설명하고 있습니다.

Traditional origami books

2. 전통 오리가미 책

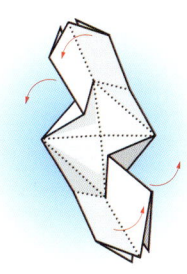

진짜 오리가미 책은 12쪽에 나오는 일반적인 오리가미 책과는 달리 종이를 전혀 자르지 않고 접기만 해서 만듭니다. 이 책은 바로 사용하지 않는 정보자료를 보관하는 주머니를 만들 수 있습니다. 이런 유형의 책들은 뭔가를 홍보하는 책을 만들 때에도 적당합니다.

Make the basic origami book

기본형 책만들기

1. A3 크기의 종이를 정사각형으로 오립니다. 오려놓은 정사각형의 종이를 반으로 접고, 다시 반으로 접은 다음 모두 펼칩니다. 위쪽과 아래쪽 가장자리가 가운데 중심선에 오도록 접은 다음 펼칩니다. 이번에는 왼쪽과 오른쪽 가장자리가 가운데 중심선에 오도록 접습니다. 그리고 종이를 뒤집어 놓습니다. 그림처럼 중앙을 향해 대각선으로 접어 다이아몬드 모양의 접은 자국이 생기도록 만듭니다.

2. 위쪽을 잡고 왼손 방향으로 대각선의 접은 자국을 따라 접습니다. 위쪽을 잡고 오른손 방향으로 왼쪽 대각선의 접은 자국을 따라 접습니다. 그런 다음 평평하게 만듭니다. 이번에는 아래쪽을 잡고 오른손 방향으로 대각선의 접은 자국을 따라 접습니다. 아래쪽을 잡고 왼손 방향으로 오른쪽 대각선의 접은 자국을 따라 접습니다. 그런 다음 납작하게 만듭니다.

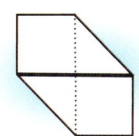

3. 그렇게 하면 옆의 그림처럼 됩니다.

4. 이번에는 뒤집어서 가운데를 펼치고 다시 평평하게 되도록 접습니다.

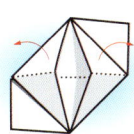

5. 그림처럼 방향을 보고 반으로 접으면 3개의 면이 있는 책이 됩니다.

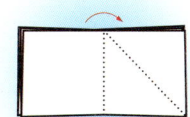 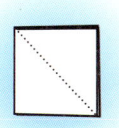

겟라이팅

- **활용 1**

  페이지마다 옛이야기에서 찾은 교훈을 써보노록 합니다. 예를 들어 「아기돼지 삼형제」는 집을 튼튼하게 짓지 않으면 위험하다고 얘기하고, 「헨젤과 그레텔」은 낯선 사람이 위험하니 경계하라고 가르칩니다. 집 하나하나에 '~하지 마시오'라고 쓰는 것으로 시작하도록 제시합니다.

- **활용 2**

  아이들에게 무엇을 쓸 것인지 물어본 다음, 좋

아하는 것과 싫어하는 것을 쓰고 그 이유를 쓰도록 합니다.

- **활용 3**

  애완동물을 돌보는 이야기책을 만듭니다. 페이지마다 애완동물의 먹이, 필요한 예방접종 등에 대해서 씁니다. 글을 설명해주는 그림도 함께 넣습니다.

- **활용 5**

  시집을 만들어봅니다. 예를 들어 가을에는 가느다란 가랑잎, 이런 식으로 된 두운을 찾아봅니다. 그리고 그 시에 어울리는 그림을 그립니다.

- **활용 6**

  각 면에 아이들이 좋아하는 현재 살고 있는 사람, 역사 속의 사람, 이야기 속의 사람을 넣어 책을 만들어봅니다. 그리고 그 사람을 선택한 이유를 써봅니다.

4개의 면으로 된 책

1. 기본형 오리가미 책을 만듭니다.

2. 첫째 면과 둘째 면 사이의 접은 자리 가운데를 텐트 모양으로 접어서 삼각형 주머니를 2개 만듭니다.

3. 책을 수직으로 접어서 접은 자리가 밖으로 나와 표지가 되게 합니다.

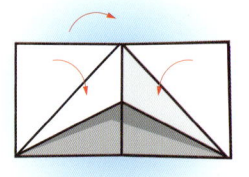

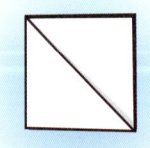

5개의 면으로 된 책

1. 먼저 4개의 면으로 된 오리가미 책을 만듭니다.

2. 둘째 면과 셋째 면 사이의 접은 자리 가운데를 텐트 모양으로 접어서 삼각형 주머니를 2개 만듭니다. 주머니에 넣었다 뺐다 할 수 있는 것들을 넣습니다.

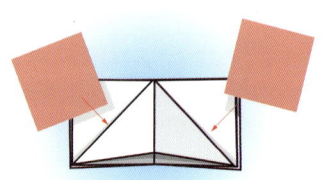

- **활용 4**

  가족사를 책으로 만들어봅니다. 첫째 면에는 할머니와 할아버지 이야기를 씁니다. 둘째 면에는 어머니, 아버지 이야기를 씁니다. 셋째 면에는 자기 세대 이야기를 씁니다. 마지막 면에는 가족 사진을 넣습니다.

- **활용 7**

  개인 위생에 관한 책을 만듭니다. 주머니에 규칙적으로 목욕하거나 손톱, 발톱 관리하기에 관한 '방법'을 알려주는 정보를 담아놓습니다.

- **활용 8**

  빅토리아 시대에 살았던 발명가 5명과 그들의

발명품에 관한 내용의 책을 만듭니다. 2가지 발명품에 대한 도해를 그리고 접어서 주머니에 넣습니다.

- **활용 9**

아이들이 읽고 있는 이야기의 주인공이 쓸 비밀일기장을 만듭니다. 이야기의 주인공이 써놓은 것을 보고 그들에 관해 무엇을 알게 될지 상상해서 쓰도록 합니다.

Pop-up origami books

3. 팝업 오리가미 책

가위 하나만 있으면 한번 톡 튕겨주기만 해도 튀어오르는 종이가 되는 멋진 팝업 북을 만들 수 있습니다. 아래에 나온 세 가지 모형 중에서 아이들에게 가장 적당하다고 생각하는 것을 하나 고릅니다. 아니면 첫 번째 모형으로 시작했다가 다음 모형으로 발전시킬 수도 있습니다. 부록으로 게재된 좀더 복잡한 템플릿을 복사해서 사용할 수도 있습니다.

→ 모건(7세)이 만든 「집에서 지켜야 할 안전수칙」입니다. 모건은 방에서 지켜야 할 안전에 관한 책을 만들었습니다. 주머니에는 중요한 정보가 들어 있습니다. 예를 들면 집에서 일어나는 화재의 위험과 화재에 대처하는 방법에 관한 것입니다.

Make the basic pop-up origami book

기본형 책만들기

1. 12쪽에 나오는 A3크기의 오리가미 책을 W모양이 되게 펼칩니다. 가운데 중심선을 향해 왼쪽과 오른쪽 가장자리를 맞추어서 접습니다.

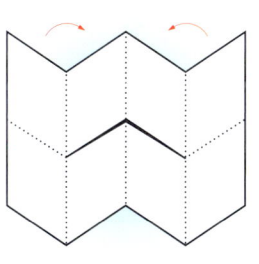

2. 그림처럼 왼쪽 아래 부분에는 집 모양의 팝업을, 오른쪽 아래 부분에는 로켓 모양의 팝업이 나오도록 오립니다. 오른쪽 윗부분에는 지구 모양이 나오도록 팝업을 오립니다. 이때 모양을 완전히 오리지 않도록 조심해야 합니다. 모양을 점선

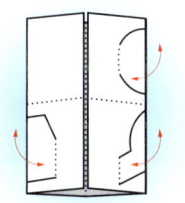

27

따라 각각 앞쪽으로 접었다가 뒤쪽으로 접은 다음 펼쳐놓습니다.

3. 오리가미 책을 다시 접습니다. 각 면마다 팝업을 들어올려서 팝업이 잘 튀어나오도록 해줍니다.

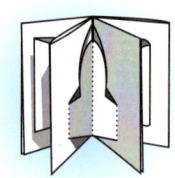

★ 도움이 되는 힌트 : 팝업 모양을 오릴 때는 한 면의 절반 이상을 오리지 않도록 합니다. 팝업에 그림을 그릴 때는 납작하게 눌러놓고 합니다. 특히 오른쪽 위에 있는 팝업 모양은 내려 접었을 때 완성 모양이 나와야 하므로 거꾸로 자르지 않도록 주의합니다.

• 활용 1

자기보다 더 어린 아이들이 볼 만한 신나는 우주 모험 이야기를 쓰게 합니다. 한 면에 짧은 문장 2개 정도만 쓰라고 일러줍니다. 그리고 계획을 세운 다음 먼저 글을 쓰고, 글 주변에 그림을 그려넣습니다.

• 활용 2

'로켓 만드는 방법'에 관한 책을 만듭니다. 팝업은 로켓을 만드는 준비 과정과, 이륙해서 다른 행성에 착륙하는 과정을 설명하는 것으로 이용할 수 있습니다.

• 활용 3

논픽션 팝업 책을 만듭니다. 예를 들어 나비의 한살이를 보여주는 책을 만들어보는 것입니다. 첫째 면에는 알을, 둘째 면에는 번데기를, 셋째 면에는 나비를 팝업으로 만듭니다. 그러는 과정에서 아이들은 여러 가지 팝업 모양을 만들어보는 기회를 갖게 됩니다.

2차 팝업 만들기

1. 기본형 팝업 오리가미 책을 만드는 것까지는 똑같지만 각 면에 1차 팝업을 만들고, 2차 팝업까지 만듭니다. 왼쪽 아래 부분에 집 모양의 1차 팝업과 울타리 모양의 2차 팝업을 오립니다. 오른쪽 아래에는 1차 팝업으로 로켓 모양을, 2차 팝업으로 구름 모양을 오리도록 합니다. 오른쪽 윗부분에는 행성 모양의 1차 팝업 안에 2차 팝업을 오려넣습니다. 이때 모양을 완전히 오리지 않도록 주의합니다. 각각의 팝업 모양을 앞으로 접었다가 뒤로도 접은 다음 펼칩니다.

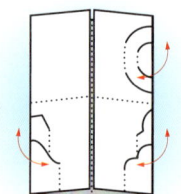

2. 오리가미 책을 다시 접습니다. 그리고 각 면을 하나씩 펼치면서 집과 울타리, 로켓과 구름 모양이 앞으로 나오게 합니다.

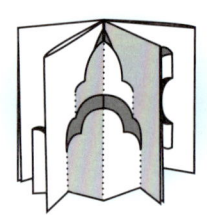

3. 마지막 면에 있는 행성은 1차 팝업은 바깥쪽으로 접고, 2차 팝업은 안쪽으로 접도록 합니다.

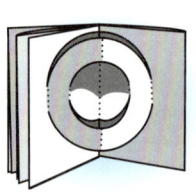

• 활용 4

말풍선을 이용해서 이야기를 만듭니다. 한 인물은 왼쪽 면에, 다른 한 인물은 오른쪽 면에 말풍선을 배치하여 글을 씁니다.

- **활용 5**

  그림만 가지고 이야기를 만들어봅니다. 전체 그림을 그릴 때 팝업 모양이 일부분 역할을 하도록 계획을 세웁니다.

- **활용 6**

  행성 이야기가 맨 처음에 나오고, 그 다음에 로켓 이야기, 마지막으로 집 이야기가 나오도록 책의 안팎을 뒤집어 만듭니다. 이렇게 되었을 때 아이들이 어떤 이야기를 만들어내는가를 확인해봅니다.

- **활용 7**

  팝업마다 다른 집을 만든 다음, 등장인물에 대한 이야기를 씁니다.

- **활용 8**

  아이들에게 기본형 팝업 오리가미 책 만드는 방법을 글로 써보게 합니다. 이때 그림과 그림 설명 글을 활용하도록 합니다. 이것을 가지고 지그재그 책을 만듭니다.

- **활용 9**

  아이들에게 완성된 책을 복사해서 오린 다음 접어보게 합니다. 그런 다음 그것을 간단하게 쓴 편지와 함께 친구에게 주도록 합니다.

3차 팝업 만들기

1. 기본형 팝업 오리가미 책을 만드는 것까지는 같지만 그림처럼 한 면에 3차 팝업을 만들어봅니다.

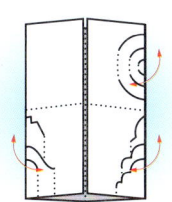

2. 각면에 3차 팝업까지 오려놓았으면 종이를 다시 접어서 오리가미 책을 만듭니다. 각 면을 펼친 다음 어떤 팝업은 안으로, 어떤 팝업은 바깥으로 접어서 팝업 모양을 만듭니다.

3. 마지막 면에서는 1차 행성 모양을 바깥으로 접고, 2차 팝업으로 오린 가운데 행성은 안으로 들어가고, 맨 안쪽에 있는 행성 모양은 다시 바깥으로 튀어나오도록 접어 나갑니다.

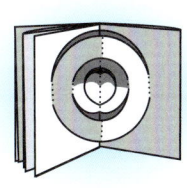

→ 로셸(8세)이 만든 「우주에 온 아기돼지 삼형제」입니다. 교사가 팝업 모양을 오려주기는 했지만 팝업을 접어 펼치는 것과 2차 팝업 등 나머지 오리기는 로셸이 직접 했습니다.

Amazing storybooks

4. 놀라운 이야기책

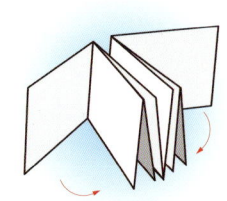

4. 양쪽에 남아 있는 위쪽 부분들을 내려 접습니다.

12쪽에 나오는 기본형 오리가미 책을 풍경화 방향으로 길게 만든 것입니다. 이 책은 자신보다 더 어린 아이들에게 줄 그림 이야기책을 만들기에 적당합니다. 표지에 그림 디자인을 넣어 접어보는 것도 좋습니다. 책의 본문 일부는 들어올리거나 밑으로 내리거나 돌릴 수도 있습니다.

5. 옆으로 돌려서 풍경화 방향의 책이 되도록 합니다.

6. 아래쪽 부분에 접은 자국이 있는 면을 찾습니다. 이 면을 연으로 만들 것입니다.

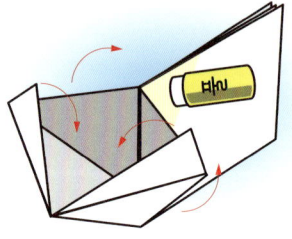

Make the basic kite book

기본형 책만들기

7. 이 부분의 아래를 대각선으로 올려 접어 삼각형 모양이 되게 합니다. 그림처럼 위쪽의 두 가장자리를 점선 따라 안쪽으로 접어 연 모양을 만듭니다. 그런 다음 연을 앞표지와 뒤표지에 붙입니다.

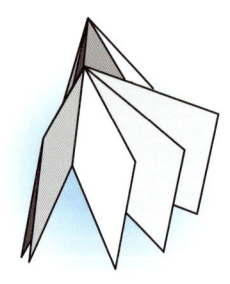

1. A3 크기의 종이로 8개의 면이 나오도록 접은 다음 펼치고 그림처럼 세 곳을 오립니다.

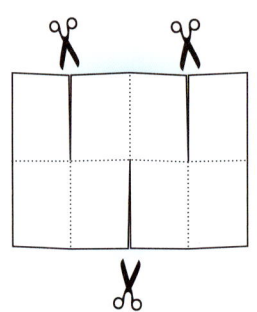

2. 위쪽 가운데 두 부분을 아래로 내려 접습니다.

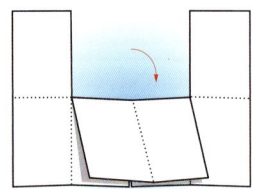

• 활용 1

아이들과 다루면 좋을 논쟁거리를 찾아봅니다. 법이 우리에게 어떤 영향을 미치는가와 같은 주제면 됩니다. 그런 다음 아이들과 함께 정한 논쟁거리를 주제로 삼아 이야기책을 씁니다. 예를 들어 고압선용 철탑에 걸린 연을 끌어 내리려는 주

3. 이번에는 바깥쪽 부분이 가운데 부분의 뒤쪽으로 향하도록 접습니다.

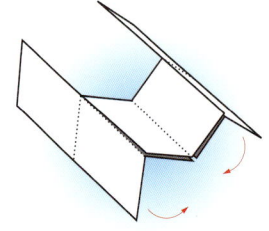

인공을 그리고 그와 관련된 이야기를 써나가는 것입니다.

- **활용 2**

에드워드 7세 시대의 휴일 해변가 풍경과 오늘날의 휴일 해변가 풍경을 비교해봅니다. 표지 모양을 아이스크림 콘이나 연으로 사용할 수 있습니다.

내 별 모양을 만듭니다. 그런 다음 책의 앞뒤로 별 모양을 붙입니다.

- **활용 3**

지구 쪽으로 다가오는 별 이야기를 씁니다. 그 별은 지구의 어떤 점을 이상하다고 느꼈을까요?

- **활용 4**

'스타들'을 책 한 권에 모아놓습니다. 스포츠 스타, 영화배우, 다른 사람을 돕기 위해 특별한 일을 한 사람 등을 모두 모아서 책을 만들 수 있습니다.

마법의 별 책

1. 먼저 기본형 연 책을 5단계까지 따라 만듭니다. 그런 다음 접은 자국이 있는 바닥을 위로 접어 삼각형 모양을 만듭니다. 위쪽 가장자리의 남은 부분을 잘라 냅니다.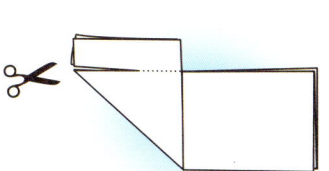

2. 삼각형 모양을 펼치고 대각선으로 반 접습니다.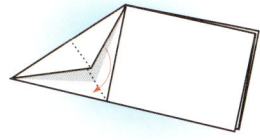

3. 접은 선을 다시 위로 밀어서 삼각형 모양을 만듭니다. 삼각형을 조금 펼쳐서 위쪽 삼각형을 안으로 끼워 넣어 다이아몬드 모양을 만듭니다.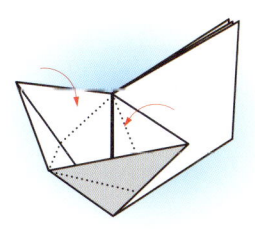

4. 그림처럼 다이아몬드의 가장자리에서 4개의 작은 삼각형을 오려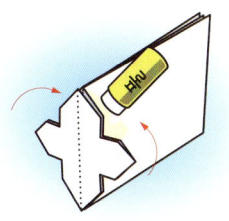

연이 숨겨진 책

1. 기본형 연 책을 5단계까지 따라 만듭니다. 면 안쪽에 2부터 5까지 번호를 매깁니다. 5쪽을 찾아서 앞쪽으로 내려 접습니다.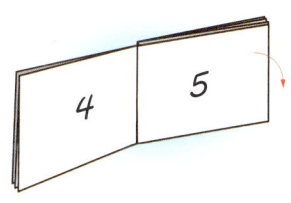

2. 이 면들은 숨겨져 있습니다. 위쪽에 6쪽을 매기고, 아래쪽에 7쪽을 씁니다. 5쪽 뒤로 넘겨 접으면서 8부터 11까지 번호를 매깁니다.

31

- **활용 5**

숨겨진 면의 주변에 어떤 이야기를 쓸지 생각해 봅니다. 숨겨진 면에 귀신이 나오는 집이나 비밀 메시지 같은 그림을 그리고 이야기를 계속 이어가게 합니다.

- **활용 6**

난파선에 관한 이야기를 씁니다. 이야기에서 중요한 역할을 하는 열대 섬의 위치를 알려주는 지도를 숨겨진 면 위에 붙입니다.

→ 새이러(9세)가 만든 「말하는 연」입니다. 이 연 책은 '겟라이팅'에 나오는 첫 번째 제안대로 만든 것입니다. 이 책에는 고압선용 철탑 근처에서 연 날리기를 하지 말라는 충고가 담겨 있습니다.

Our world books

5. 세상 책

원으로는 태양이나 지구, 원그래프, 심지어는 역사적으로 중요한 인물의 얼굴까지도 표현할 수 있습니다. 원 모양의 팝업은 만들기 쉬운 데다 원 모양 팝업 자체가 많은 아이디어를 제공합니다. 또한 아이들이 금세 만들 수 있어서 좋아하는 유형입니다.

Make the basic pop-up book

기본형 책만들기

1. A3 크기의 종이를 8개의 면이 나오도록 접은 다음, 모두 펼치고 그림처럼 반으로 접습니다. 접힌 쪽에서 수평으로 접은 자리까지 4분의 1 크기의 원을 오립니다. 오린 원을 아래로 접어 약간 각이 생긴 상태에서 아래쪽 부분을 덮습니다. 이때 뒤쪽으로 접었다가 다시 펼칩니다.

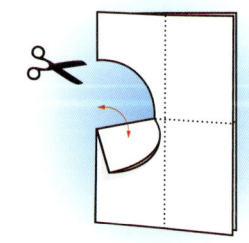

2. 종이 전체를 펼친 다음 가로로 길게 놓고 위쪽을 아래쪽 절반 뒤로 가도록 내려 접습니다.

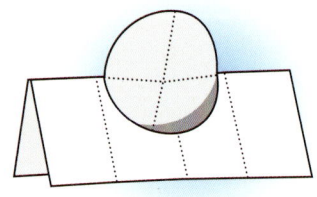

3. 접은 종이를 가로 방향으로 반을 접습니다. 이때 팝업을 접힌 각도에서 안으로 접어넣습니다. 그렇게 하면 책 안에서 팝업이 접힙니다.

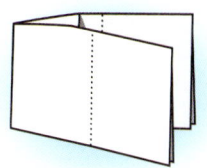

 겟라이팅

- 활용 1

  원 모양 팝업을 원그래프로 활용해서 세계의 식품 생산에 관한 책을 만듭니다. 공간이 많이 필요하다면 뒷면을 사용하도록 합니다.

- 활용 2

  원모양 팝업을 이용해 태양계에 있는 태양과 행성들을 설명하는 책을 만듭니다. 책에 어떤 정보와 요점을 넣을 것인가를 의논합니다.

- 활용 3

  원 모양 팝업을 원탁으로 활용해서 아서왕 이야기를 다시 써보도록 합니다.

지구 책

1. A3 크기의 종이를 가로로 길게 놓고 위에서 아래로 반을 접습니다. 반 접은 종이를 가로 방향으로 3등분해서 접어줍니다. 그리고 그림처럼 양쪽이 마

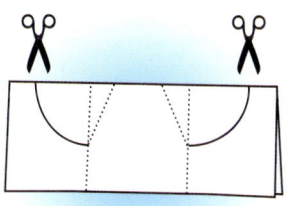

주보도록 4분의 1 크기의 원을 오립니다.

2. 4분의 1 크기의 원 2개를 앞쪽으로 약간 각이 지게 해서 가운데 부분으로 접어줍니다. 뒤로도 접었다가 펼칩니다.

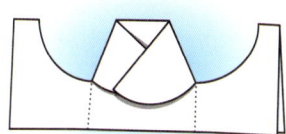

3. 종이를 다시 모두 펼치고 왼쪽과 오른쪽 면을 가운데 부분의 뒤로 접습니다. 그리고 반원 모양의 팝업을 들어올립니다.

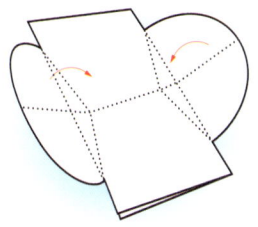

4. 옆으로 반을 접어 반원이 겹치도록 합니다.

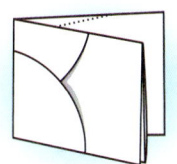

 겟라이팅

- 활용 4

  팝업 위에 지구를 그리고 부자들이 사는 곳과 가난한 사람들이 사는 곳을 표시합니다. 뒷면에는 쓰고 싶은 글을 씁니다.

- 활용 5

  팝업 위에 유럽과 대서양, 남아메리카 그리고 북아메리카를 그립니다. 그리고 콜럼버스가 세 번째 항해길에 아메리카에 갔던 길을 보여줍니다.

- 활용 6

  호화로운 크루즈를 광고하는 홍보책자를 만듭니다. 지도에 방문했던 나라를 표시해봅니다. 크루즈를 하는 동안 특별한 이벤트가 벌어지는 네 곳에는 중요하다는 표시를 하고, 어떤 이벤트를 했는지 설명해봅니다.

집/마을 책

1. A4 크기의 종이를 세로로 길게 반을 접습니다. 그림처럼 접힌 가장자리를 각이 지게 접습니다. 아래쪽 접은 부분은 위쪽 접은 부분보다 각이 크지 않게 합니다. 접은 부분을 펴서 뒤쪽으로 접습니다. 그리고 밖으로 비어져 나온 부분을 잘라 냅니다.

2. 종이를 편 다음 가운데 접은 자리를 따라 접으면서 양면을 안으로 집어넣습니다.

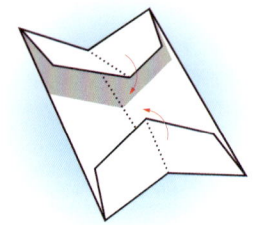 

• 활용 7

가족에 관한 책을 만듭니다. 위쪽 부분에 가족을 그리고, 아래쪽 부분에는 집을 그립니다. 그런 다음 가운데 부분에 내가 고마워하는 것들에 대해 목록을 만듭니다.

• 활용 8

마을과 도시를 비교하는 내용을 담아봅니다. 위쪽 부분에 마을을 그리고, 아래쪽 부분에는 고층 건물들이 즐비한 도시를 그립니다. 그런 다음 가운데 부분에 마을과 도시를 비교한 내용을 씁니다.

• 활용 9

인도의 시골 마을에 사는 아이들을 생각해봅니다. 위쪽 부분에 인도의 시골 마을을 그리고, 아래쪽 부분에 들에서 일하고 있는 아이들을 그립니다. 그런 다음 가운데 부분에 그 아이들 중 한 아이가 쓰는 일기 형식으로 글을 써봅니다.

→ 제시카(8세)가 만든 「세계 곳곳에서 생산되는 식품」입니다. 이 팝업 책은 낮 시간을 이용해 이틀 걸려서 완성했습니다. 여러 대륙에서 나오는 농산물에 초점을 맞추어 글을 쓴 것입니다. 여러 대륙에서 생산되는 식품들로 가장자리를 장식했습니다.

Decorative spine books

6. 책등 꾸밈 책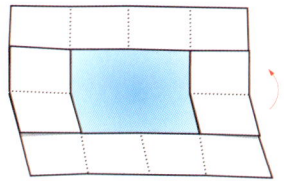

12쪽(전통 오리가미 책)에 나오는 이 멋진 책은 종이 한 장을 오리고 접기만 해서 만들 수 있습니다. 종이 한 장을 가지고 16개의 면이 나오도록 접는 것으로 책만들기가 시작됩니다. 평범하지 않는 책등 디자인은 책에서 빼놓을 수 없는 중요한 부분이 될 것입니다.

Make the basic flag book

기본형 책만들기

1. A2 크기의 종이로 16개의 면이 나오도록 접습니다. 그런 다음 위와 아래쪽 가장자리를 가운데 중심선에 맞추어 접었다가 다시 펼칩니다. 가로로 길게 놓고 반을 접은 다음 그림처럼 세 군데를 오려 내고 펼칩니다.

2. 중심 부분의 가운데 접은 선을 오립니다.

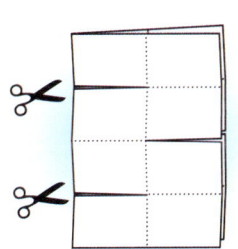

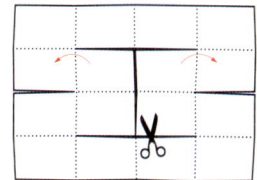

3. 오려서 펼쳐지는 가운데 부분을 양쪽으로 열어 겹쳐놓습니다.

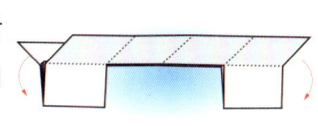

4. 그런 다음 아래쪽 절반이 위쪽 절반에 포개지게 접습니다.

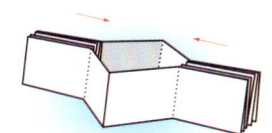

5. 먼저 앞쪽의 윗부분을 내려 접습니다. 뒤쪽의 윗부분도 내려 접습니다. 이번에는 양끝을 잡고 가운데 쪽으로 밀어서 정육면체를 먼저 만듭니다.

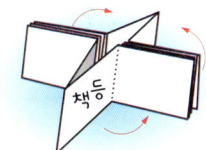

6. 계속 가운데 쪽으로 바짝 밀어서 십자 모양이 나오게 만듭니다.

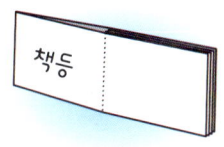

7. 그림처럼 접어서 왼쪽에 있던 것을 오른쪽으로 밀어 합칩니다.

8. 남아 있는 책등 부분에 연필을 올려놓고 도르르 말아서 동그란 관 모양으로 만든 다음 고정되게 풀로 붙입니다.

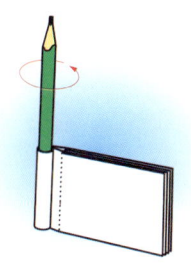

9. 연필로 만들어놓은 동그란 관 모양 책등에 깃발을 꽂아서 풀로 붙이면 책등이 완성됩니다.

 켓라이팅

- 활용 1

  멋진 휴가를 상상해서 일기를 씁니다. 각 면을 아침, 낮, 저녁으로 나누어 써나갑니다.

- 활용 2

  유럽 여러 나라에 대한 가이드북을 만듭니다. 나라의 전통, 기후, 음식, 스포츠와 자주 쓰는 말 등을 소개하고, 글에 맞는 그림을 그립니다.

- 활용 3

  제2차 세계대전에 관한 책을 만듭니다. 책등에는 국기를 꽂습니다. 전쟁이 일어났을 때의 여러 모습, 예를 들어 생활 모습, 공습, 식사, 배급통장 같은 것들에 대해 설명합니다.

✪ 도움이 되는 힌트 : 책등을 꾸민 책만들기를 할 때는 8단계에 있는 동그란 관 모양 책등을 만들기 전에 그림을 그리고 글을 써야 책을 더 쉽게 만들 수 있습니다.

3. 책을 세로로 길게 놓아 티피(아메리칸인디언의 원불형 천막)처럼 보이게 만듭니다.

 켓라이팅

- 활용 4

  아메리칸인디언에 관한 책을 만듭니다. 아메리칸인디언이 여행하는 방법, 아메리칸인디언의 옷, 티피를 만드는 방법을 글로 써봅니다.

- 활용 5

  여섯 부분으로 나누어 원주민이나 아메리칸인디언 이야기를 다시 써봅니다. 그들의 문화를 풍부한 그림으로 표현하게 해봅니다.

- 활용 6

  리포터의 노트를 만들어봅니다. 마라톤이나 기상 악화 같은 중요한 사건을 취재하는 기자가 쓴 기록을 가상으로 꾸며서 써보는 것입니다.

티피 책

1. 기본형 깃발 책을 7단계까지 따라 만듭니다. 그런 다음 표지를 가로 방향으로 반 접은 다음 다시 반을 접었다가 펼칩니다.

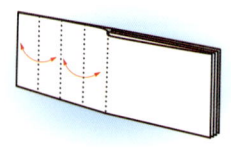

2. 그림처럼 접은 자리를 이용해 표지를 네 부분으로 나누어 접습니다. 그리고 안쪽에서 한데 모아 붙입니다.

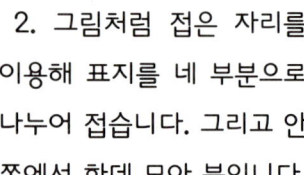

빅토리아풍의 책

1. 기본형 깃발 책을 7단계까지 따라 만듭니다. 표지를 가로로 길게 반으로 접었다가 편 다음 상자 모양을 만듭니다. 책등에 끈을 묶어서 정확한 면에 들어가게 합니다.

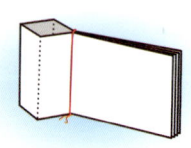

 겟라이팅

- 활용 7

  빅토리아 시대의 학교에 관한 책을 만듭니다. 학교의 규칙, 수업 내용과 복장에 관한 글을 씁니다. 표지를 이용해 학교 모형을 만드는 것도 해봅니다.

- 활용 8

  빅토리아 시대의 강제노역소를 설명하는 책을 만들어봅니다. 각 면마다 다른 주제를 정해서 이야기합니다. 첫째 면에는 차례를 만들고, 둘째 면에는 들어가는 글을, 마지막 면에는 내용 요약을 넣는 식으로 하면 됩니다.

- 활용 9

  영국의 왕이나 여왕에 관한 책을 만듭니다. 각 면의 위쪽을 따라 연대표를 그리고, 중요한 사건이 있었던 날짜를 씁니다. 표지로는 왕이나 여왕의 궁전을 꾸며봅니다.

→ 조지(9세)가 만든 「이탈리아」입니다. 조지는 깃발 디자인을 이용해 이탈리아 관광객을 위한 안내서를 만들었습니다. 이 책에는 유명한 건물에 대한 정보, 교통, 음식과 일상적으로 사용하는 말에 대한 정보가 들어 있습니다.

Map fold books
7. 접는 지도 책

접는 지도 책은 지도와 그림을 사용하기 편한 크기로 줄여서 그려야 할 때 활용하기 적합한 형태입니다. 접는 지도 책은 정보를 알려줄 때에도 편리하게 사용할 수 있는 방법입니다. 참고가 되는 지도의 경위선은 본문에 번호를 붙이는 또다른 방법을 제시합니다.

Make the basic fold-down map
기본형 접는 지도 만들기

1. A3 크기의 종이를 가로 방향으로 놓고 반을 접습니다. 그리고 다시 가운데 중심선을 향해 양쪽 가장자리를 접어 네 면이 나오도록 접었다가 펼칩니다. 이번에는 종이를 수평으로 3등분되도록 접습니다. 그렇게 하면 3등분된 부분이 각각 4개의 면으로 나뉜 모양이 됩니다. 종이의 위쪽 부분은 뒤로 내려 접고, 아래쪽 부분을 앞으로 올려 접습니다.

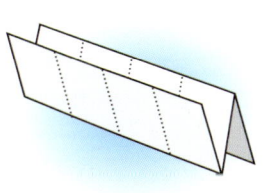

2. 지그재그 모양이 되도록 접습니다.

 겟라이팅

팝아웃 지도

- **활용 1**

  예를 들어 「빨간 두건 소녀」처럼 옛이야기에 나오는 주인공이 여행을 한다는 내용으로 글을 쓰고 그림을 그립니다. 위에 있는 왼쪽 면에서 시작해서 아래에 있는 오른쪽 면에서 끝나도록 디자인합니다.

- **활용 2**

  우리 동네 지도를 만듭니다. 종이의 접은 선들을 지도의 경위선으로 활용하여 공원, 스포츠센터, 극장 등 평소 관심이 있었던 장소를 그립니다. 왼쪽 면과 오른쪽 면에 경위선을 중심으로 번호를 매기고, 위쪽 면과 아래쪽 면을 따라 글자를 덧붙입니다. 마지막 아래쪽 부분은 차례를 넣는 면으로 사용합니다.

- **활용 3**

  보물찾기 보드게임 판을 만듭니다. 여러 칸으로 나뉜 부분에 명령하는 말을 달리 써서 게임을 하는 사람이 앞으로 가거나 뒤로 가게 합니다. 주사위를 던져 나오는 수대로 움직이는 게임 법칙을 정합니다.

☆ 도움이 되는 힌트 : 프로젝트를 할 때 글과 그림을 완성한 뒤에 종이를 접는 것이 더 좋은 경우도 있습니다.

1. 종이를 세로 방향으로 반을 접었다가 펼칩니다. 다시 종이를 가로 방향으로 접습니다. 접은 자리가 위로 오도록 종이를 돌려놓습니다. 양 모서리를 수직으로 난 가운데 접은 자국에 맞추어 내려 접고 뒤로도 접었다가 펼칩니다.

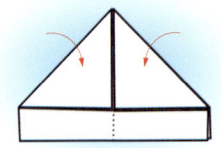

2. 왼쪽과 오른쪽 모서리를 안으로 밀어넣습니다.

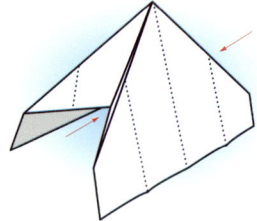

3. 앞쪽에 있는 왼쪽 가장자리를 가운데 접은 자국에 맞추어 접습니다. 다시 펴서 뒤로도 접었다가 펼칩니다. 다른 3개의 면도 똑같은 과정을 통해 접었다가 펼칩니다.

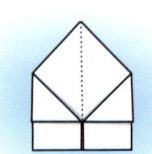

4. 앞쪽에 있는 왼쪽 부분을 잡고 접은 자국 쪽으로 밀어서 안으로 접습니다. 다른 세 부분도 똑같이 합니다.

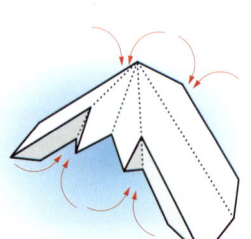

5. 뒤집어서 펼치면 팝아웃 지도가 완성됩니다.

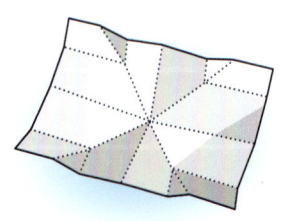

- 활용 4

아이들에게 학교 운동장 놀이를 기획해 보게 합니다. 운동장이 나온 지도를 그리고 이름을 붙입니다.

- 활용 5

「아기돼지 삼형제」의 뒷이야기를 이어가게 합니다. 이야기에서 벌어지는 모험을 보여줄 만한 지도를 만들어봅니다.

- 활용 6

입안을 보여주는 지도를 만들어서 이를 건강하게 관리하는 방법을 설명하는 리플렛(간단한 인쇄물)을 만듭니다.

- 활용 7

파티 초대장을 만듭니다. 표지를 멋지게 꾸민 다음 안쪽 부분에는 파티에 관한 자세한 내용(날짜, 시간, 장소)을 씁니다.

- 활용 8

개를 산책시켜 주는 서비스 광고 리플렛을 만듭니다. 아이들이 멋지게 잘 해낼 수 있는 일은 어떤 것이 있을까를 생각해보게 합니다.

- 활용 9

집에서 에너지를 절약하는 방법을 생각해봅니다. 안쪽 9개의 면에 에너지를 절약하는 여러 가지 방법에 대해서 씁니다.

지도 카드

1. A3 크기의 종이를 세로 방향으로 반을 접었다가 펼칩니다. 가운데 중심선을 향해 양면을 접어 4개의 면이 나오도록 접습니다. 왼쪽과 오른쪽 가장자리 가운데에 1cm 정도 홈을 오려 냅니다.

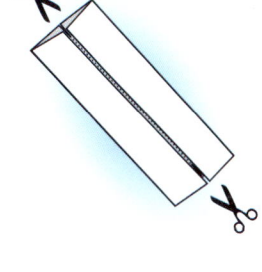

2. 홈이 서로 맞물리게 하여 원통 모양을 만듭니다.

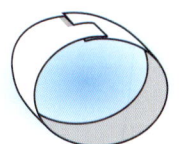

3. 원통 모양을 납작하게 눌러서 카드를 만듭니다.

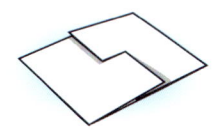

→ 줄리(7세)가 만든 「우리 학교 운동장」입니다. 이 지도는 '겟라이팅'에서 제안한 팝업 지도의 첫 번째 방법을 이용해서 만든 것입니다. 운동장에 놓을 만한 기구들을 웹사이트에서 찾아 프린트한 것을 활용해 학교의 새로운 운동장을 만들기 위한 계획을 세웠습니다.

Never-ending books

8. 무한 책

이 책은 오랜 기간을 두고 하는 프로젝트에 사용하면 좋습니다. 지그재그로 접은 형태를 연결하여 본문을 만들고 표지를 만들어서 완성합니다. 이 책은 쪽수를 무한대로 늘릴 수 있을 뿐만 아니라 정보를 추가하기 위한 재킷이나 주머니, 끼워넣은 작품, 리플렛을 붙일 수도 있습니다.

Make the basic Never-ending books

기본형 책만들기

1. 본문 만들기: A4 크기의 종이 4장이 필요합니다. 종이를 반으로 접어 A5 크기로 만듭니다. 그런 다음 종이 4장의 뒷면 가장자리를 테이프로 붙여 연결합니다.

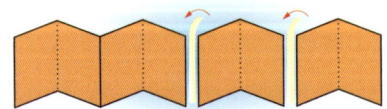

2. 표지 만들기: A3 크기의 종이를 가로로 길게 놓고 세로 방향으로 오른쪽 가장자리에서 2cm를 잽니다. 왼쪽 가장자리를 잰 길이에 맞추어 접습니다. 다시 펼친 다음 반대쪽도 똑같이 합니다. 그렇게 하면 2cm의 책등이 생깁니다. 10쪽이 넘거나 책장에 붙여 넣는 것이 많으면 책등도 2cm보다 더 넓게 만듭니다.

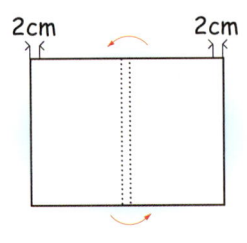

3. 표지를 펼치고 본문을 펼친 상태에서 표지 안에 놓습니다. 그리고 표지의 위쪽과 아래쪽 가장자리를 본문 페이지 위로 접습니다. 본문을 꺼내고 접은 자리에 확실한 자국을 낸 다음 다시 펼칩니다.

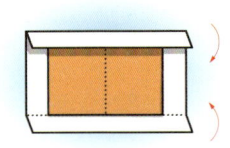

4. 이번에는 본문을 닫은 채로 펼쳐놓은 표지 안에 놓습니다. 이때 오른쪽 가장자리가 책등의 왼쪽 면에 닿아야 합니다. 표지의 왼쪽 가장자리를 본문 위로 접습니다. 본문을 꺼내고 접은 자리에 확실한 자국을 냅니다. 오른쪽 면도 똑같은 과정을 반복합니다.

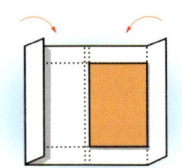

5. 표지를 뒤집어놓습니다. 4개의 모서리를 각각 수직의 접은 자국과 수평의 접은 자국이 만나는 지점에 맞추어 대각선으로 접었다가 다시 펼칩니다.

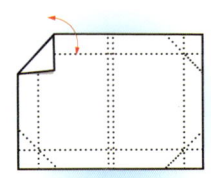

6. 다시 표지를 뒤집은 다음 앞에서 접었던 오른쪽 위의 가장자리를 접습니다. 접으면서 앞서 모퉁이에 만들어놓았던 대각선의 접은 자국을 이용해 모서리에 정사각형 모양이 나오게 합니다. 다른 면의 모서리도 똑같이 합니다.

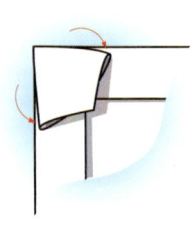

7. 본문의 첫째 면과 마지막 면을 그림처럼 표지 모서리에 끼워넣습니다.

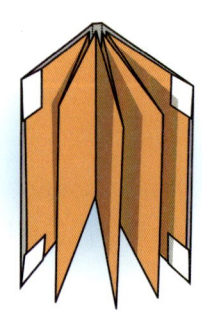

✪ 도움이 되는 힌트 : 안쪽에 두꺼운 카드용지를 넣어 표지를 튼튼하게 할 수도 있습니다.

2. 나머지 고정틀도 같은 방법으로 만듭니다. 그림처럼 본문에 넣을 그림을 마주보는 모서리에 끼운 다음, 고정틀의 뒷면에 풀을 발라 본문에 붙이면 됩니다.

접히는 리플렛

1. A4 크기의 종이를 가로 방향으로 반 접고, 다시 가로 방향으로 반을 접습니다. 그러면 리플렛이 됩니다. 그리고 그림처럼 리플렛 한 면의 뒷부분을 풀칠해서 본문에 붙입니다.

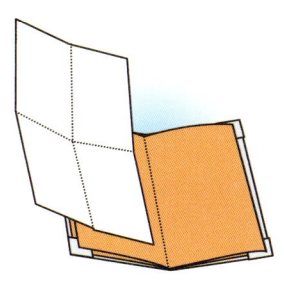

겟라이팅

• 활용 1

아이들이 프로젝트를 진행하는 과정에서 정보가 추가로 생기면 그 정보를 덧붙이기 위해 리플렛이나 고정틀을 어떻게 이용할 수 있을까를 생각해보도록 합니다. 리플렛은 잡지나 신문 기사를 붙일 때 이용할 수도 있습니다. 고정틀은 그림이나 사진을 쉽게 떼어낼 수 있게 해줍니다. 장식용 종이로 고정틀을 만들면 더 보기 좋을 것입니다.

그림 고정틀 만들기

1. A8 크기의 종이를 가능한 한 가장 큰 공간을 덮을 수 있도록 대각선으로 접습니다. 종이의 여분을 잘라 낸 다음 펼칩니다. 그렇게 정사각형 모양이 남으면 반대 방향에서 대각선으로 접었다가 펼칩니다. 양쪽 대각선이 접힌 정사각형에서 그림처럼 삼각형 모양을 잘라 냅니다. 먼저 왼쪽의 삼각형을 대각선의 접은 자국을 따라 앞쪽으로 접습니다. 나머지 오른쪽 삼각형도 똑같이 앞쪽으로 접습니다. 맨 위에 놓인 삼각형을 접은 면의 위쪽에 붙이면 그림 고정틀이 완성됩니다.

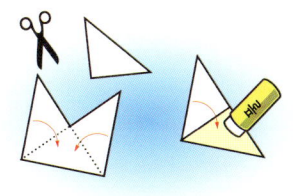

주머니

1. A5 크기 종이의 각 면을 적당한 넓이만큼 접습니다. 종이를 펼친 다음 수직으로 접은 자국과 수평으로 접은 자국이 만나는 지점에서 모서리 2개를 대각선으로 잘라 냅니다.

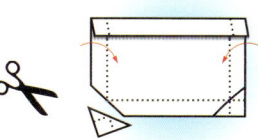

41

2. 4개의 면을 모두 접어놓은 다음, 셋째 면에만 풀을 발라 본문에 그림처럼 붙입니다.

Spine lock books

9. 책등 잠금 책

프로젝트를 짧은 기간 동안 진행할 때 이용하면 좋은 책입니다. 특히 색종이를 이용하고, 본문을 제자리에 고정시켜 두려 할 때 이런 모양으로 책등을 접으면 아주 좋습니다. 아이들은 대각선과 수평으로 접은 선을 이용해 여러 가지 변화를 주면서 만들어 볼 수 있습니다.

- 활용 2
  주머니는 덧붙여야 할 정보들과 명칭들, 티켓, 신문 기사 오린 것들을 넣을 때 사용할 수 있습니다. 하지만 주머니 하나에 너무 많이 넣지 않도록 합니다. 넣을 것이 많으면 주머니를 하나 더 만드는 것이 좋습니다.

Make the basic central diamond lock

기본형 책만들기

1. A4 크기의 종이 2장을 포개어 놓습니다. 종이를 옆으로 길게 놓고 가로 방향으로 반을 접습니다. 접힌 가장자리의 한가운데를 찾아 간단하게 표시를 해놓습니다. 그리고 한가운데에서 양쪽으로 1cm를 잽니다. 이 1cm를 잰 자리에서 다시 수평으로 1cm를 잽니다. 처음 1cm 잰 자리 중 위쪽 1cm 자리에서 위로 다시 2cm를 재고, 아래쪽 1cm 자리에서도 아래로 다시 2cm를 잽니다. 그림처럼 2cm를 잰 자리에서 수평으로 재놓은 1cm 자리까지 오립니다.

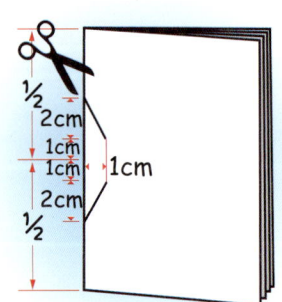

→ 레베카(11세)가 만든 「남아메리카」입니다. 이 프로젝트는 몇 주 동안이나 계속되었고, 여러 가지 표현 형식과 글쓰기 방식을 이용하여 남아메리카 대륙의 지리, 환경, 문화, 사회적인 모습을 다루었습니다.

2. 접은 자국이 중심에 오도록 종이를 펼칩니다. 그리고 오려놓은 위쪽 삼각형 모양을 아래로 내려 접고, 아래쪽 삼각형 모양은 위로 올려 접습니다.

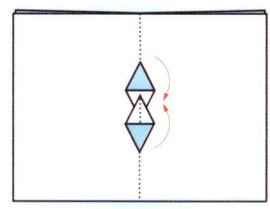

3. 종이를 다시 반으로 접어서 책을 덮은 모양이 되게 합니다.

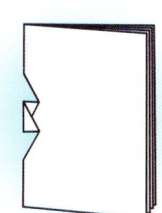

상하 다이아몬드 잠금 책 만들기

1. 기본형 중앙 다이아몬드 잠금 책을 따라 만듭니다. 하지만 자로 잰 자리를 옮기고, 대각선으로 자르기를 각각 따로 합니다. 그러면 따로 떨어진 2개의 잠금장치가 만들어집니다.

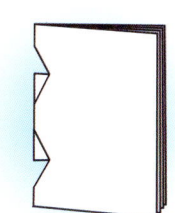

- **활용 1**
파티 메뉴를 짜봅니다. 첫째 면에는 여러 종류의 음료 목록을 만들고, 둘째 면에는 샌드위치 등의 목록을 만듭니다.

- **활용 2**
악기에 관한 책을 만들어봅니다. 악기로 소리를 내는 방법을 설명합니다.

- **활용 3**
모자이크 무늬와 모자이크 무늬가 아닌 것을 구별해서 보여주는 책을 만들어봅니다.

- **활용 4**
아이들에게 각 면에 학교에서 배우는 여러 과목을 쓰고 얼마나 공부했는지 기록하게 합니다.

- **활용 5**
아이들에게 학교에서 보내는 시간, 바깥 활동 시간, 식사 시간, 자는 시간 등이 각각 일주일에 얼마나 되는지 생각해보도록 합니다. 그리고 막대그래프로 그 결과를 기록합니다.

- **활용 6**
아이들에게 가장 좋아하는 것이 무엇인지 생각해보도록 합니다. '내가 왜 좋아하냐면…'이라는 제목으로 책을 만들고 취미, 스포츠, 장소와 사람들로 나누어 좋아하는 것을 씁니다.

- **활용 7**
꼭 알아두어야 할 정보, 겪게 될지도 모를 위험, 멋진 휴가를 보낼 수 있는 방법 등을 내용으로 하는 휴가 계획을 세워봅니다.

☆ 도움이 되는 힌트 : 책등의 잠금장치를 만들기 전에 책에 글을 씁니다. 이때 잠금장치 부분에는 글을 쓰거나 그림을 그리지 않도록 주의합니다. 또 본문종이를 한꺼번에 너무 많이 접으려고 하면 안 됩니다.

정사각형 모서리

1. A4 크기의 종이 2장을 포개어 놓습니다. 종이를 가로로 길게 놓고 가로 방향으로도 반을 접습니다. 접은 쪽 가장자리의 위쪽에서 2cm, 접은 쪽 가장자리에서 수평으로 2cm를 잽니다. 각각 2cm 잰 것을 이용해 모서리에 정사각형을 그립니다. 종이의 윗부분에서 정사각형의 나머지 부분을 모두 잘라 냅니다. 아래쪽도 똑같이 합니다.

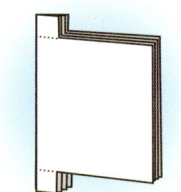

2. 접은 자국이 있는 자리가 중심에 오도록 종이를 펼칩니다. 그리고 위쪽의 직사각형 모양은 내려 접고, 아래쪽의 직사각형 모양은 올려 접습니다.

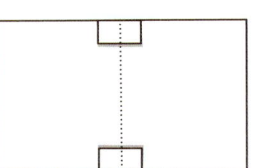

3. 종이를 다시 반으로 접어서 책을 덮어놓은 모양이 되게 합니다.

겟라이팅

- **활용 8**

아이들의 권리와 의무에 대해서 써보게 합니다. 왼쪽 면에는 권리를 쓰고, 오른쪽 면에는 의무를 씁니다.

- **활용 9**

'행복해지는 법'이라는 제목으로 책을 만듭니다. 각 면마다 행복을 발견하는 여러 가지 방법을 설명합니다.

- **활용 10**

가족 사진으로 스크랩북을 만듭니다. 사진마다 설명을 붙이고, 가족 한 사람, 한 사람에 대해 재미있는 것들을 씁니다.

→ 왼쪽 : 크레그(8세)가 만든 「프랑스에서 보낸 휴가 동안 가장 재미있었던 일들」입니다. 크레그는 정사각형 모서리를 프랑스 국기로 장식하였습니다.

→ 오른쪽 : 베서니(7세)가 만든 「어린이 파티 메뉴」입니다. 39쪽 기본형 책만들기의 '겟라이팅'에 나온 첫 번째 제안으로 만든 책입니다. 베서니는 각 면마다 전채요리와 주요리 등의 제목을 붙이고, 음식과 음료의 목록을 만들었습니다.

Compilation books
10. 모음 책

첫째 면과 마지막 면은 그냥 두고 가운데 면들을 표지와 풀로 붙이거나 꿰매서 완성하는 책입니다. 이렇게 하면 본문을 중앙에서 양쪽 방향으로 펼칠 수 있고, 글을 쓰고 그림을 그려서 만든 낱장의 종이나 더 작은 책들을 표지에 붙일 수도 있습니다.

Make the basic panorama book
기본형 책만들기

1. 본문 만들기 : A3 크기의 종이로 8개의 면이 나오도록 먼저 접어놓습니다. 그런 다음 펼쳐놓고 세로로 길게 난 가운데 접은 자국 마지막 한 면만 두고 나머지를 모두 오립니다. 이번에는 세로로 길게 반을 접습니다. 접은 자리를 따라 앞쪽 4개의 면을 지그재그 모양이 되도록 접습니다. 뒤쪽 4개의 면도 같은 방법으로 접어놓습니다. 그렇게 하면 가운데에 거꾸로 된 V자 같은 모양이 됩니다.

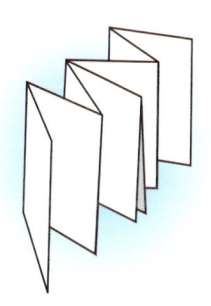

2. 표지 만들기 : A3 크기의 종이를 세로로 길게 접은 다음 다시 가로로 길게 접습니다. 접은 가장자리에서 안쪽으로 3cm를 잰 지점을 따라 접습니다. 접은 것을 펴

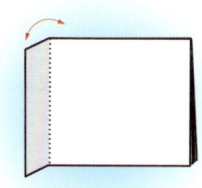

서 뒤로도 접었다가 폅니다.

3. 접은 것을 책등을 따라 안으로 밀어넣어 M자 모양을 만듭니다.

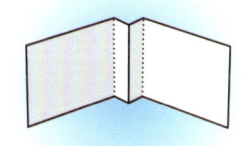

4. 책등 안과 가운데 면의 안쪽 부분을 붙입니다. 표지의 가장자리를 안으로 접어서 표지가 본문보다 조금 더 크게 합니다.

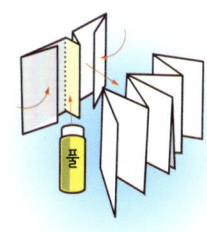

5. 본문을 펼치면 책이 완성됩니다.

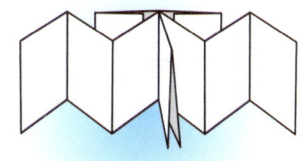

 겟라이팅

• 활용 1
아마존이나 템스 강처럼 많이 알려진 강에 관한 책을 만듭니다. 아니면 모양이 여러 가지인 해안을 그리고, 침식의 영향과 기후 변화를 설명해 봅니다.

• 활용 2
여러 가지 형태의 서식지를 비교해봅니다. 왼쪽 면에는 더운 기후를, 오른쪽 면에는 더운 환경을 다룰 수도 있습니다.

• 활용 3
황폐화되기 전과 후의 열대우림에 관한 책을 만

듭니다. 왼쪽 면에는 울창한 열대우림을 보여주고, 오른쪽 면에는 황폐해진 뒤의 열대우림을 보여줍니다.

세 부분으로 나뉜 책

1. A3 크기의 종이를 길게 반으로 접습니다. 반이 접힌 부분을 가로 방향으로 다시 반을 접습니다. 또 한번 더 가로 방향으로 반을 접은 다음 펼칩니다. 접힌 양쪽 가장자리의 가운데 접은 자리에 맞추어 접었다가 펼칩니다.

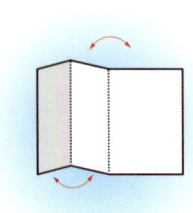

2. 첫 번째와 마지막 부분을 남기고 가운데 접은 부분들을 각각 반으로 접어 지그재그 모양으로 만듭니다. 이것은 표지가 될 것입니다.

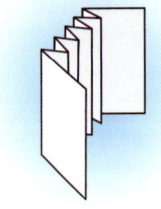

3. A5 크기의 종이 3장을 가로 방향으로 반을 접습니다. 그런 다음 지그재그로 접은 모양 안에 풀로 붙입니다.

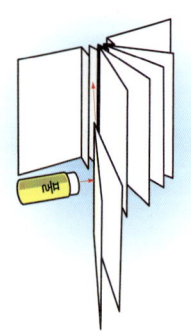

• 활용 4
아이들에게 다른 학우들에 관한 정보, 예를 들어 좋아하는 음식과 키, 생일 같은 정보들을 모으도록 합니다.

• 활용 5
아이들이 살고 있는 지역의 환경에 대해 생각해 보게 합니다. 환경을 더 나아지게 할 만한 방법을 찾아서 설명하고 분류하도록 합니다.

• 활용 6
아트북을 만듭니다. 유명한 예술가의 인상 깊은 작품을 보고 만든 그림을 3점 그리고, 그 예술가에 관한 재미있는 정보를 덧붙입니다.

✭ 도움이 되는 힌트 : 글을 쓰거나 그림을 그려 본문을 모두 완성한 다음 표지에 붙입니다.

꿰맨 책

1. 표지 만들기 : A3 크기의 종이를 세로 방향으로 반을 접었다가 다시 가로 방향으로도 반을 접습니다. 접힌 쪽에서 3cm를 잰 다음, 접었다가 펴고 다시 뒤로도 접었다가 폅니다. 첫 번째 겹쳐진 3cm를 잰 자리에 맞추어 접었다가 펴고 다시 뒤로 접었다가 폅니다.

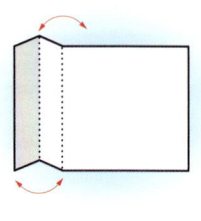

2. 표지 안쪽에서 책등의 접은 자리를 지그재그 모양으로 만듭니다.

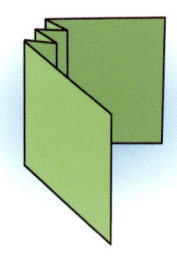

3. 본문 만들기 : A4 크기의 종이를 가로 방향으로 반 자릅니다. 나누어진 종이 2장을 포개어 놓고, 가로 방향으로 반을 접습니다. 접은 자리에 간격을 똑같이 하여 구멍을 2개 뚫습니다. 표지 안쪽에서 지그재그로 접힌 첫 번째 자리에 본문을 놓고 꿰맵니다. 안쪽에서 매듭을 짓도록 하고 매듭 끝을 깔끔하게 잘라 마무리합니다. 나머지 본문들은 지그재그로 접힌 두 번째 자리에 놓고 꿰매면 됩니다.

4. 면을 펼쳐서 잘 완성되었는가를 살펴봅니다. 그리고 본문 가장자리에 맞도록 표지를 오려 냅니다.

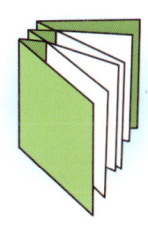

→ 루(12세)가 만든「위에서 아래로 오르락내리락하는 물의 한살이」입니다. 이 책은 육지에서 사는 것들과 물속에서 사는 것을 소재로 만든 기발한 이야기입니다. 길게 연장해서 그린 그림이 이 책과 잘 어울립니다.

Triangle books

11. 삼각형 책

삼각형 모양의 책들은 여러 가지가 있습니다. 아이들은 대부분 삼각형 책을 좋아하는데, 그 이유는 구조가 특이하고 삼각형의 넓이에 맞추어 행의 길이가 다양해지는 것을 재미있어 하기 때문입니다.

Make the basic triangle book

기본형 책만들기

1. A3 크기의 종이를 왼쪽 위의 모서리에서 대각선으로 접어 가장 큰 넓이로 포개게 했다가 펼칩니다. 왼쪽 아래 모서리에서도 다른 대각선을 접었다가 폅니다. 대각선으로 접은 자리들이 만나는 곳을 수직으로 접은 다음, 남아 있는 직사각형 부분을 접습니다. 그리고 그림처럼 정사각형 부분을 자릅니다.

2. 오른쪽 아래의 삼각형부터 접은 자리를 따라 위로 접었다가 아래로 접었다를 반복하면서 접습니다. 삼각형으로 된 부분을 다른 삼각형들로 덮어가며 접어서 표지를 만듭니다. 직사각형이 삼각형 아래에 가도록 접은 다음, 남은 삼각형 위로 다른 삼각형의 면이 오게 하여 표지를 만듭니다.

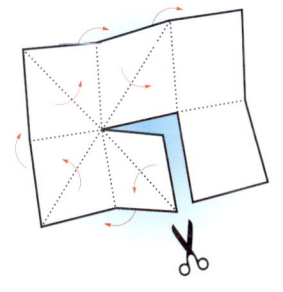

3. 모서리를 안으로 밀어넣고 살짝 붙입니다.

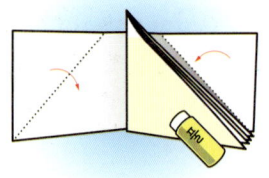 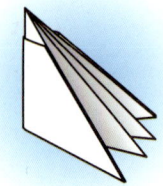

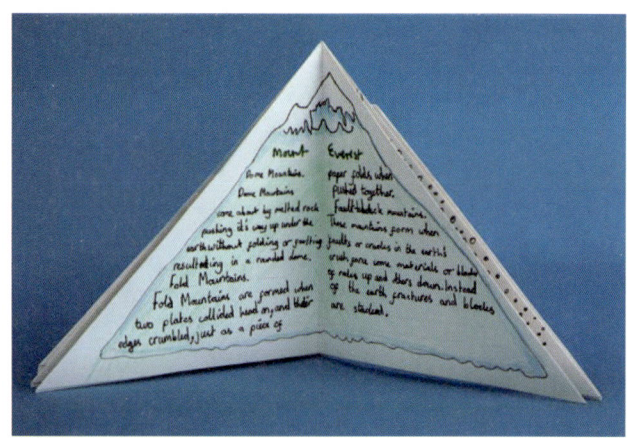

→ 벤자민(11세)이 만든 「여러 산과 화산들」입니다. 벤자민은 삼각형 모양을 활용해 자신의 주제를 더욱 돋보이게 했습니다.

- 활용 1

철자 책을 만듭니다. 왼쪽 면에는 알파벳을 쓰고, 오른쪽 면에는 알파벳이 들어간 낱말을 씁니다.

- 활용 2

산에 관한 책을 만듭니다. 책의 산 모양을 이용해서 세계에서 가장 유명한 산 세 곳을 씁니다.

- 활용 3

「하멜른의 피리 부는 사나이」의 뒷이야기를 씁니다. 처음 2개의 면에는 이야기의 줄거리를 씁니다. 마지막 면에는 아이들이 어떻게 산으로 도망쳐서 마을로 돌아오는가를 설명하는 뒷이야기를 쓰도록 합니다.

피라미드 책

1. A3 크기의 종이를 길게 반으로 접고 수직으로도 3등분하여 접었다가 펼칩니다. 왼쪽 위 모서리를 대각선으로 앞으로 접었다가 펍니다. 오른쪽 면도 똑같이 합니다.

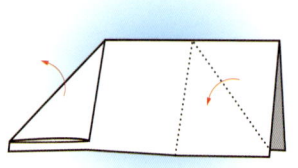

2. 왼쪽 모서리의 가장자리를 안으로 밀어넣습니다. 오른쪽 면도 그렇게 합니다. 오른쪽 삼각형이 가운데 부분을 덮도록 접습니다. 왼쪽 삼각형이 가운데 부분을 덮도록 접습니다.

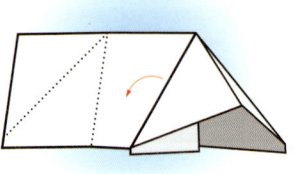

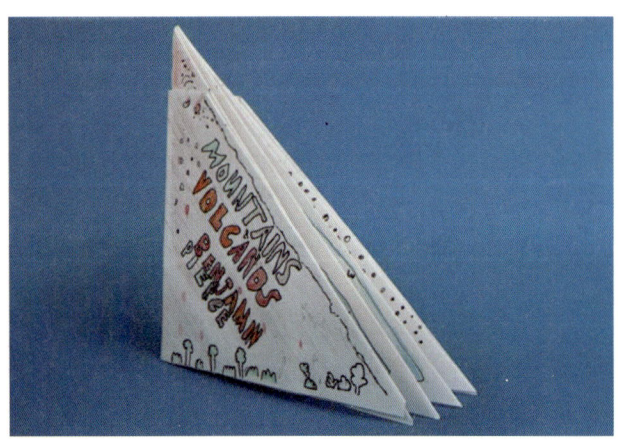

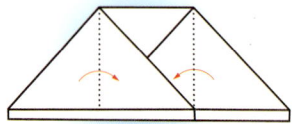 

- **활용 4**

  인더스 문명에 대해서 생각해보고, 각 삼각형에 인더스 문명의 여러 모습에 대해서 씁니다.

- **활용 5**

  아이들에게 고대 이집트 사람들이 어떻게 피라미드를 만들었을까 생각해보도록 합니다. 쪽 번호를 붙이고, 각 면에 피라미드를 만들어가는 과정을 설명합니다.

- **활용 6**

  공연을 하지 않으려는 동물들의 서커스 이야기를 씁니다. 왼쪽 면에는 어떻게 된 일인지를 설명하고, 오른쪽 면에는 해결책을 씁니다. 가운데 공간에 대형 천막을 그리고, 바깥쪽 삼각형에 제목과 작가의 이름을 씁니다.

2. 네 귀퉁이의 모서리를 가운데 점에 맞추어 모두 접습니다.

3. 바깥쪽 삼각형을 안으로 접어서 면으로 쓸 세 곳과 표지로 쓸 마지막 삼각형을 만듭니다.

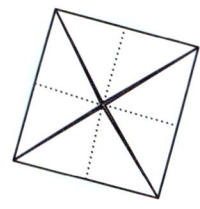

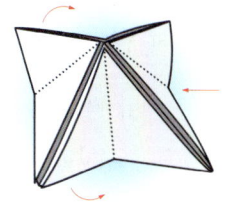 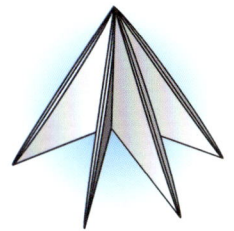

4. 삼각형 윗부분의 플랩을 내려서 사각형의 본문이 잘 나오는지 각각 확인합니다.

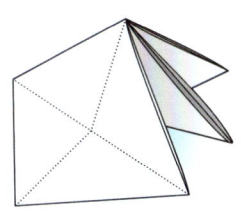

정사각형 페이지가 있는 삼각형 책

1. A3 크기의 종이로 만들 수 있는 가장 큰 정사각형을 잘라 냅니다. 수평으로 반을 접었다가 폅니다. 수직으로도 반을 접었다가 폅니다. 이번에는 대각선으로 양쪽 방향에서 반을 접었다가 폅니다.

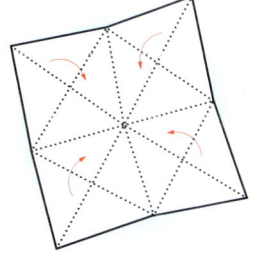

- **활용 7**

  종교에 관한 책을 씁니다. 세 면에 디발리(힌두교), 이드(이슬람), 부활절(기독교) 등 여러 가지 종교 축제의 이름을 씁니다. 면을 펼치고 이런 축제들이 어떻게 진행되는가를 설명합니다.

- **활용 8**

  예를 들어 셰익스피어의 「맥베스」 같은 유령 이야기책을 씁니다. 아니면 찰스 디킨스의 「크리스마스 캐롤」에 나오는 세 유령에 관한 이야기를 3개의 면에 쓰고 표지를 완성합니다.

- **활용 9**

  수수께끼 책을 만듭니다. 플랩의 위쪽에 수수께끼를 쓰고, 밑에 답을 쓰도록 합니다.

Slot books
12. 홈 책

입체를 만들기 위해 한 부분을 오리고 들어올리면 틈이 생긴다는 문제가 있습니다. 반면에 이런 책들의 이점은 홈을 만들어서 본문을 본래대로 만들 수 있다는 것입니다. 이런 기법은 여러 가지 방식으로 이용될 수 있습니다.

Make the basic slot book
기본형 책만들기

1. A3 크기의 종이를 먼저 8개의 면이 나오도록 접었다가 펼칩니다. 그 다음 왼쪽과 오른쪽 가장자리를 가운데 중심선을 향해 접습니다. 양쪽 접힌 부분 위쪽에는 건물 모양이나 사람들이 만든 역사적인 건축물 모양을 오립니다. 이때 모양을 완전히 다 오려 내지 않도록 주의합니다.

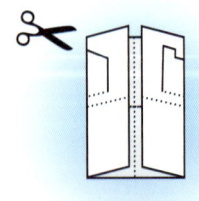

2. 반으로 나누어서 위쪽 뒤로 가게 아래쪽 반을 접어 줍니다. 미리 오린 모양을 앞으로 접습니다. 모양을 접은 것과 비슷하게 그 뒤에서 종이를 반 자릅니다. 모양을 납작하게 하고 종이를 펼칩니다.

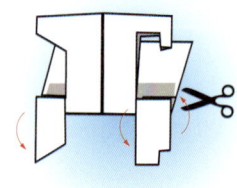

3. 종이를 가로 방향으로 접고 홈으로 모양을 밀어 넣습니다. 가로 방향으로 반 접어서 책을 만듭니다.

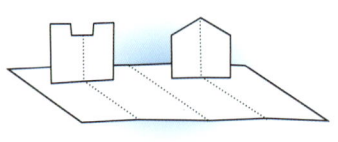

- 활용 1
여행 안내 책자를 만듭니다. 에펠탑이나 타지마할처럼 잘 알려진 건물 모양을 오리도록 합니다. 건물을 홍보하는 글을 씁니다.

- 활용 2
바이킹이나 로마의 정착지를 만듭니다. 아이들에게 이 사람들이 왜 영국을 침략했는가를 생각해보도록 합니다.

- 활용 3
아이들에게 종교적 상징에 대해 생각해보도록 합니다. 이슬람 사원 모양과 유대교 회당 모양을 오리고, 우리가 어떻게 종교와 상징을 동일시할 수 있는가를 글로 씁니다.

이중 홈 책

1. A3 크기의 종이 한 장을 세로 방향으로 반을 접습니다. 펼쳐서 가로 방향으로 반을 접습니다. 접힌 쪽 가장자리를 왼쪽에 두고, 그림처럼 위쪽 절반 부분에 집 모양을 잘라 냅니다.

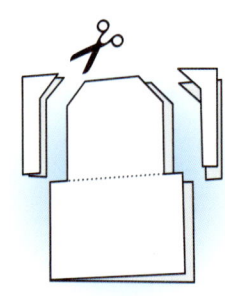

2. 가로 방향으로 반 접고, 접은 자리 바로 아래쪽 접힌 가장자리에서 집 모양과 수직이 되도록 가위로 홈을 냅니다. 수직의 접은 자리를 펼칩니다.

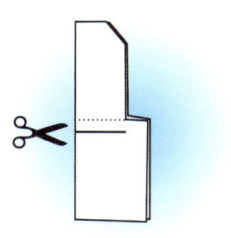

3. 집 모양을 홈에 밀어넣습니다.

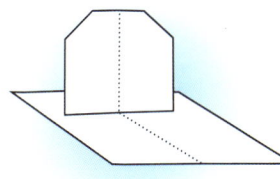

- 활용 4

집 모양 바깥에 중세 시대의 성을 그리고, 아랫부분에 내부 그림을 그려줍니다. 아이들에게 왜 성을 지었고, 성에 누가 살았는가를 상상해서 써 보도록 합니다.

- 활용 5

빅토리아 시대에 살았던 가난한 아이들과 부자 아이들을 비교해봅니다. 부자 아이의 집을 집 모양 바깥에 그리고, 가난한 아이의 집을 집 모양 안쪽에 그리도록 합니다. 각 부분 모두 '내 이름은…'으로 시작합니다.

달력 책

1. A3 크기의 종이로 지그재그 책을 만들어 펼칩니다. 가로 방향으로 반을 접습니다. 양쪽 가장자리와 가운데 접은 자리에서 안으로 2cm 되는 곳을 표시합니다. 그림처럼 세 부분을 자릅니다.

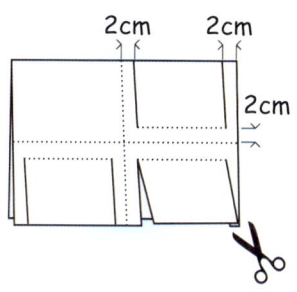

2. 왼쪽 부분을 앞쪽으로 반을 접습니다. 가운데 접은 자리에서 위쪽으로 2cm 되는 곳을 표시하고, 그 아래에 모양을 오린 것의 가로 방향으로 접힌 가장자리에 홈을 냅니다. 그런 다음 펼칩니다.

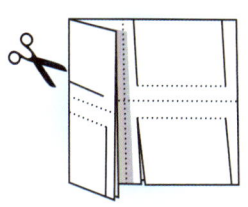

3. 가로로 반을 접고 플랩을 모두 홈을 통해 밀어넣습니다.

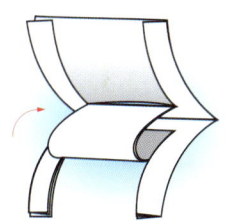

4. 돌려놓고 책상에 놓는 달력처럼 세웁니다.

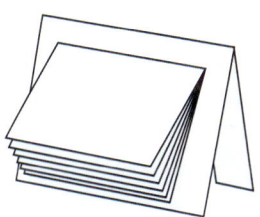

- 활용 7

발렌타인 데이와 휴전 기념일 같은 중요한 날을 각 면마다 써넣습니다.

- 활용 8

플로렌스 나이팅게일의 일기장을 만듭니다. 그녀가 크리미아 전쟁 때 부상당한 병사들 사이에서 일하던 모습을 상상해보도록 합니다.

→ 아멜리아(10세)가 만든 「로마 사람들」입니다. 아멜리아의 홈 책은 로마 사람들의 저택과 목욕탕을 설명하고 있는데 주의 깊게 볼 만합니다. 그러면서 팝업을 이용해 사용 설명서와 홍보 전단지로 프로젝트를 확장하고 있습니다.

→ 조민정(9세)이 만든 「임금님의 집-창덕궁」입니다. 돈화문과 부용지를 세운 형태가 되도록 만들었습니다. 그리고 창덕궁 안의 위치에 맞게 그림자료를 오려 붙이고 그에 관한 설명을 직접 썼습니다.

Hinged pop-ups

13. 이음매 있는 팝업

90도 팝업은 90도 각도로 팝업이 튀어오르는 책(25쪽 팝업 오리가미 책 참조)입니다. 이런 팝업들은 대개 가운데에서 수직으로 접어서 접은 자리를 만듭니다. 하지만 대각선의 접은 자리는 아주 다양한 팝업을 만들어 냅니다.

Make the basic robot book

기본형 책만들기

1. A4 크기의 종이를 가로 방향으로 반을 접습니다. 접히지 않은 가장자리에서 그림처럼 로봇의 머리 모양을 오려 냅니다. 머리를 각이 지게 앞으로 접었다가 뒤로 접습니다.

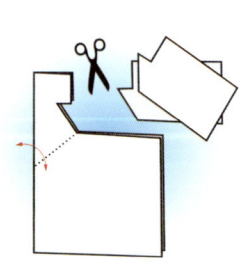

2. 종이를 펼치고 접은 자리를 따라 머리를 안으로 접습니다. 종이를 닫았다 펴서 머리 팝업을 완성합니다.

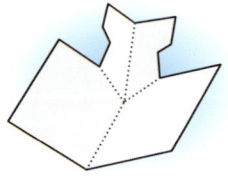

- **활용 1**

  가정용 로봇을 광고하는 글을 씁니다. 어떻게 하면 로봇이 집에서는 없어서는 안 될 존재가 될 수 있을까요?

- **활용 2**

  아이들에게 자신들이 로봇 학생이라고 가정해 보도록 합니다. 그런 다음 일을 구하기 위한 편지를 써보게 합니다. 로봇 학생들에게는 어떤 일들이 적당할까요? 머리가 로봇인 자화상을 그립니다.

- **활용 3**

  공상과학 이야기의 서문을 쓰면서 로봇인 주인공의 장점과 약점을 설명합니다.

뛰는 동물

1. A4 크기의 종이를 가로 방향으로 반 접었다가 펼칩니다. 다시 세로 방향으로 반 접습니다. 접힌 가장자리에서 수평으로 접은 자리를 따라 반만 자릅니다. 접힌 가장자리의 아래쪽 부분에서 대각선으로 모서리를 앞으로 접었다가 뒤로 접었다 한 다음 펼칩니다. 이 삼각형 모양 안에 다시 다른 대각선을 접습니다. 이것을 앞으로 접었다가 뒤로 접었다가 한 다음 펼칩니다.

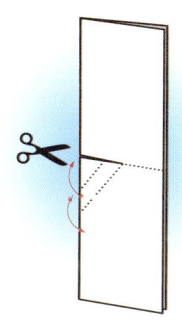

2. 종이를 펴고 수직으로 반 접습니다. 가로로 반 접어서 대각선의 접은 자리가 안쪽에 있도록 만듭니다. 더 작은 대각선 접은 자리를 안으로 접습니다.

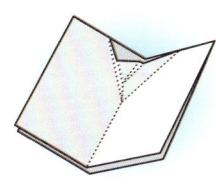

3. A6 크기의 종이를 세로 방향으로 반 접었다가 펼칩니다. 원숭이처럼 뛰는 동물을 오립니다. 팝아웃에 붙입니다. 덮었을 때 종이 위로 동물 팝업이 튀어나오지 않도록 합니다.

- **활용 4**

  인간과 동물을 비교합니다. 한 면에는 특정 동물과 우리가 비슷한 점을 쓰고, 다른 면에는 특정 동물과 우리의 다른 점을 쓰도록 합니다.

- **활용 5**

  25쪽에 나오는 오리가미 책의 가운데 면에 팝업을 만들어서 이 프로젝트를 확장합니다. 인간에게 잡혀서 유럽으로 팔려간 동물의 이야기를 써보도록 합니다.

- **활용 6**

  사람들에게 원숭이 보호구역을 만들자고 호소하는 작은 책을 만듭니다.

숨어 있는 동물들

1. 뛰는 동물 1단계를 따라 만듭니다. 하지만 3등분한 대각선을 세 번 접습니다. 대각선을 접을 때 각각 앞으로 접었다가 펴는 과정을 반복합니다.

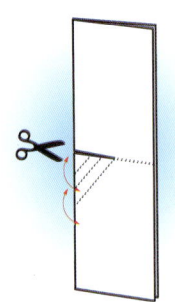

2. 종이를 펴고 세로 방향으로 반 접습니다. 다시 가로 방향으로 반 접어서 대각선으로 접은 자리가 안에 있도록 합니다. 가장 큰 대각선의 접은 자리가 튀어나오게 합니다. 두 번째 대각선의 접은 자리는 안으로 들어가게 하고, 마지막 대각선의 접은 자리는 바깥으로 접습니다.

3. A7 크기의 종이를 가로 방향으로 반 접습니다. 종이를 펼친 다음 그림처럼 자릅니다. 자른 것을 팝업 뒤에 붙입니다.

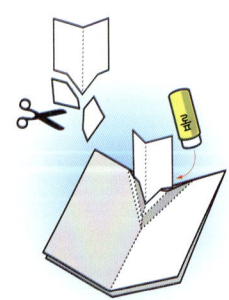

4. A7 크기의 종이를 가로 방향으로 반 접었다가 편 다음, 그림처럼 자릅니다. 자른 것을 팝업 앞에 붙입니다.

- **활용 7**

  멸종위기에 처한 동물들을 보호하는 캠페인을 기획합니다. 뒤쪽 팝업 위에 동물을 그리고, 앞쪽 팝업 위에 무성한 잎을 그립니다.

- **활용 8**

  어떤 동물이 숨어 있을까요? 팝업 아래에 숨어 있는 동물을 맞힐 만한 실마리를 줍니다.

- **활용 9**

  고래에 관한 사실들을 모아 목록을 만듭니다. 뒤쪽 팝업에 고래를 그리고, 앞쪽 팝업에 파도를 그립니다.

→ 마르타(11세)가 만든 「상어」입니다. 마르타의 고래는 뛰어오르는 것이 아니라 바다로 뛰어들고 있습니다. 기사문처럼 쓴 글은 오스트레일리아의 신문에 난 이야기에서 가져온 것입니다. 마르타도 "상어를 구해 주세요"라는 내용의 글을 써넣었습니다.

Bird pop-up book

14. 새 팝업 책

- 활용 1
새의 서식 환경과 번식 방법 등을 설명하면서 새에 관한 정보를 주는 책을 만듭니다.

- 활용 2
아이들에게 새에 관한 정보를 주는 책을 만들되 말풍선을 이용하여 새들 스스로 자신을 설명하는 형식으로 하도록 합니다.

- 활용 3
새들이 어떻게 나는가를 책에 씁니다. 각 면마다 주제에 맞게 날개의 모양 등 다양한 내용을 담습니다.

이 책은 180도 팝업 책입니다. 팝업이 페이지와 나란히 수직으로 일어납니다. 90도 팝업에 비해 180도 팝업은 정확한 자리에 붙여야 합니다. 새를 주제로 만들어야 하는 경우에 어떤 종류의 새라도 사용할 수 있습니다.

Make the basic owl pop-up

기본형 부엉이 팝업 만들기

1. 먼저 A3 크기의 종이로 12쪽에 나와 있는 오리가미 책을 만듭니다.

팝업 만들기 : A6 크기의 종이를 가로 방향으로 반 접습니다. 접히지 않은 가장자리에서 그림처럼 부엉이의 머리를 오립니다. 종이의 아래쪽에서 가장자리를 각이 지게 앞으로 접었다가 뒤로 접습니다.

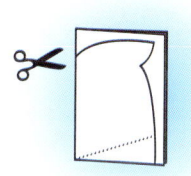

2. 부엉이의 접힌 가장자리를 따라 풀칠을 하고, 오리가미 책의 첫째 면에 붙입니다. 부엉이의 가운데 접은 자리를 면의 가운데 접은 자리에 딱 맞추어야 합니다.

참새 팝업

1. 부엉이 팝업을 따라 만들되 A6 크기의 종이에 참새의 머리를 만듭니다. 새의 옆모습을 그리기 때문에 새의 머리가 대칭이 되지 않도록 주의합니다.

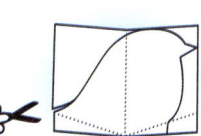

2. 참새를 책의 둘째 면에 붙입니다.

 **겟라이팅**

• **활용 4**

영국에서 어떤 새는 어디에서 언제 볼 수 있는가를 쓴 사실 자료를 만듭니다. 여러분이 만든 나라 안의 새 자료에는 특별한 종의 새가 있습니까?

• **활용 5**

새에 관한 이야기를 만들어서 씁니다. 새들마다 자신이 왕이라고 주장하도록 하고 그렇게 주장하는 이유를 쓰도록 합니다.

• **활용 7**

아메리칸인디언들의 상징인 독수리 혹은 고대 로마 문화의 상징인 독수리에 대해서 책을 만듭니다.

• **활용 8**

부엉이와 참새, 독수리에 관한 이야기를 씁니다. 글을 쓸 때 이 새들은 결국 있을 곳을 잃게 되는 위험에 빠질까요라든지 그들을 구할 수 있는 방법은 없을까요라는 식의 문장으로 긴장감을 줍니다.

독수리 팝업

1. 참새 팝업을 따라 만들되 A6 크기의 종이에 독수리 머리를 만듭니다.

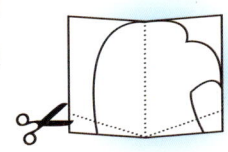

2. 독수리를 책의 셋째 면에 붙인다.

→ 레이첼(8세)이 만든 「앵무새들」입니다. 레이첼은 인터넷과 학교 도서관에서 빌린 책을 찾아보고 이런 사실 자료들을 만들었습니다.

겟라이팅

• **활용 6**

다른 3가지 종류의 독수리 팝업을 만듭니다. 독수리가 사는 곳은 어디이고, 어디에 둥지를 짓는가를 생각해 보고, 독수리의 모양과 특성에 대한 설명도 함께 써넣습니다.

pop-up greek legends
15. 그리스 신화 팝업

 겟라이팅

- 활용 1
바다의 신, 포세이돈이 등장하는 이야기 중 하나를 다시 만들어봅니다. 파도와 바다 생물들을 팝업 붙이는 판에 연하게 그려서 글의 배경으로 사용합니다.

- 활용 2
'포세이돈'이라는 이름의 휴가를 즐기는 복합 건물에 놀러오라는 광고를 기획합니다. 건물 안에 있는 편의 시설 목록과 신청서도 넣습니다. 어린이 할인도 있을까요?

새 팝업을 만들면서 사용했던 대각선으로 접은 선이 여기서는 새로운 방향을 만들어줍니다. 이 프로젝트에서는 팝업들을 이용해서 서 있는 사람과 팝업 산을 만들 것입니다.

바다의 신 팝업

1. A3 크기의 종이를 가로 방향으로 반 접었다 펴서 팝업을 붙이는 바탕종이를 만듭니다.

2. A4 크기의 종이를 가로 방향으로 W자 지그재그 모양이 나오도록 접습니다. 아래쪽 가장자리에 1cm 여백을 만들고 그림처럼 오립니다.

3. 지그재그로 접은 다음 오리지 않은 아래쪽 가장자리 여백을 위로 접어 올립니다. 그림처럼 오른쪽 가장자리 여백을 팝업 붙이는 판의 안쪽에 풀로 붙입니다. 다른 쪽 가장자리 여백도 풀로 붙이고, 팝업 붙이는 판을 접어서 팝업이 바탕종이에 달라붙게 합니다.

올림푸스의 신 팝업

1. A3 크기의 종이를 가로 방향으로 반 접어서 팝업 붙이는 바탕종이를 만듭니다. 접힌 가장자리에서 위쪽 가장자리의 가운데를 향해 대각선으로 접었다가 펼칩니다. 모서리를 대각선으로 접었다가 펼칩니다. 대각선 둘 다 접은 자국을 따라 뒤로 접었다가 펼칩니다.

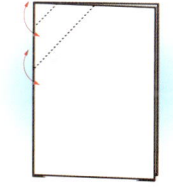

2. 종이를 펼치고 뒤쪽의 접은 자국은 앞으로 나오게 하고, 앞쪽의 접은 자국은 뒤로 들어가게 합니다.

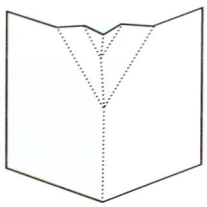

3. A4 크기의 종이를 가로 방향으로 반 접어 산을 만듭니다. 아래쪽 가장자리를 접었다가 펼칩니다. 접힌 가장자리에서 삼각형을 잘라 냅니다. 산 모양을 오립니다. 산을 펼쳐서 아래쪽 가장자리를 팝업 붙이는 판의 뒤쪽 대각선 접은 자리에 붙입니다.

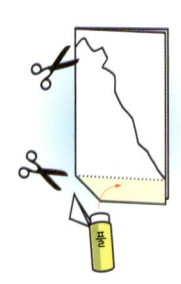

4. A6 크기의 종이를 세로 방향으로 길게 접어서 사람을 만듭니다. 접힌 가장자리의 아래쪽을 산을 만들 때와 같은 방법으로 접고 삼각형을 잘라 냅니다. 사람 하나를 더 만듭니다. 아래쪽 가장자리를 팝업 붙이는 판의 앞쪽 대각선 접은 자국에 붙입니다. 오른쪽 각에도 똑같이 해서 가장자리 절반이 접은 자국에 붙고 절반은 평평한 종이에 붙게 합니다.

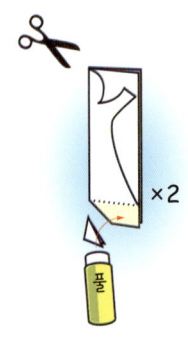

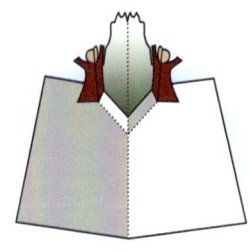

- **활용 3**

아이들에게 다른 기법을 이용해 아폴로와 제우스에 관한 프로젝트를 공동으로 하도록 합니다. 예를 들면 39쪽에 나오는 그림 고정틀처럼 신을 그린 그림을 따로 만들어 책에 붙인다든가 36쪽에 나오는 것처럼 고대 그리스의 지도를 넣는다든가 하는 여러 방법이 있습니다.

- **활용 4**

올림푸스 신들의 이야기를 현대화합니다. 산은 무엇으로 대체할 수 있을까요? 제우스가 현대에 오면 어떤 모습일까요? 제우스의 번개는 현대의 어떤 물건으로 바꿀 수 있을까요?

→ 스티븐(10세)이 만든 「제우스와 아폴로」입니다. 스티븐은 자신의 프로젝트에 주머니와 플랩을 확장시켰습니다. 두 신에 대한 정보는 큰 점들을 이용해 기록한 반면, 세부정보는 주머니에 담았습니다.

→ 송윤서(10세)가 만든 「그리스로마 신화」입니다. 그리스로마 신화에 나오는 아테나와 아폴론에 대한 소개를 했습니다. 아테나와 아폴론을 각각 그린 다음 팝업 부분에 세웠고, 바탕종이 양면에 디자인을 하고 글을 써넣었습니다.

Building through the ages

16. 역사 건물 팝업

건물 팝업은 만들기 쉬울 뿐만 아니라 역사적인 프로젝트를 진행할 때 흥미를 더하는 역할을 합니다. 기본형 만들기에 다른 여러 주제들을 적용할 수 있습니다.

집 팝업

1. A3 크기의 종이를 가로 방향으로 반 접었다가 펴서 팝업을 붙이는 바탕종이를 만듭니다.

2. A3 크기의 종이를 세로 방향으로 길게 반 접은 다음, 이를 잘라서 집을 만드는 데 사용합니다. 2장으로 자른 것 중 1장은 오른쪽 가장자리에 접은 자국을 만들고 왼쪽 가장자리에 붙여 납작하게 만듭니다.

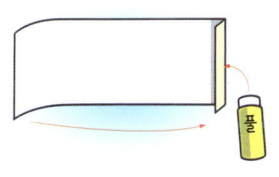

3. 아래쪽 가장자리에 1cm 정도 접었다 펴서 접은 자국을 냅니다. 또 왼쪽과 오른쪽 가장자리에서 안쪽으로 3cm 정도 접었다 펴서 접은 자국을 냅니다. 접은 자국들을 모두 뒤로 접었다가 앞으로 접

습니다. 그림처럼 위쪽과 아래쪽을 잘라 냅니다. 위쪽 가장자리를 접은 자국을 따라 앞으로 접습니다.

4. 바탕종이 가운데의 접은 자국에서 위로 3cm를 잽니다. 집의 아래쪽 뒷면 가장자리에 풀칠을 하고, 3cm 잰 자리에 붙입니다. 집의 접은 자국을 판 위의 3cm 되는 자리에 잘 맞춰 붙이도록 합니다. 집의 아래쪽 앞면 가장자리에 풀칠을 하고, 바탕종이를 접어 붙입니다.

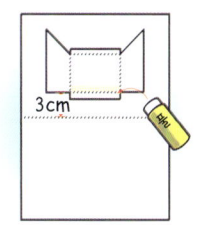

5. 바탕종이를 펼쳐서 팝업 집을 봅니다.

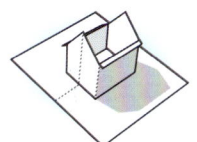

6. A5 크기의 종이를 가로 방향으로 반 접어서 지붕을 만들어줍니다. 집의 위쪽에서 가장자리를 바깥으로 접어서 가장자리에 지붕을 붙여줍니다.

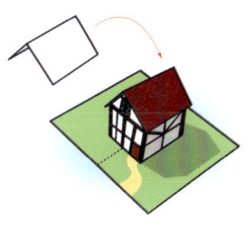

✩ 도움이 되는 힌트 : 완성된 건물 팝업을 팝업 붙이는 바탕종이에 먼저 붙여 줍니다. 그렇게 하면 아이들이 즐거운 마음으로 건물에 관한 글을 쓸 수 있습니다.

• **활용 1**

35쪽에 나오는 접는 지도를 활용해 그림을 그리고, 그 시대에 있었던 중요한 사건들을 설명합니다. 팝업 집을 붙이는 바탕종이에 이것을 붙여 줍니다. 앞표지에 대문자로 제목을 쓰고, 뒤표지

에 이 프로젝트를 알리는 글을 씁니다. '튜더풍의 집 팝업은…'으로 글을 시작할 수 있습니다.

- **활용 2**

35쪽에 나오는 접기를 해서 집의 위층과 아래층을 보여줍니다. 각 방에 이름을 쓰고, 방의 쓰임새도 간략하게 씁니다. 이것을 팝업 집의 바탕종이에 붙입니다.

- **활용 3**

팝업 집 주변에 그림을 넣어서 튜더풍의 집 팝업을 만드는 과정을 단계별로 보여 줍니다.

공장 팝업

1. 집 팝업을 1단계까지 따라 만듭니다. 하지만 2단계에서 A4 크기의 종이를 사용합니다. 수직으로 반 접고 펼쳐서 상자 모양이 되게 합니다. 같은 방법으로 상자를 하나 더 만듭니다.

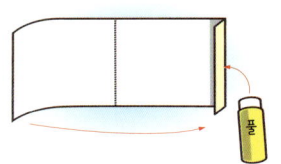

2. 4cm 넓이의 종이조각을 A5 크기의 종이 길이가 짧은 쪽 가장자리에서 잘라냅니다. 긴 종이조각을 세로로 길게 반 접고 한데 붙여서 굴뚝을 만듭니다. 2개의 상자를 그림처럼 굴뚝을 가운데에 놓고 한데 붙입니다.

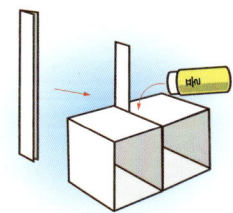
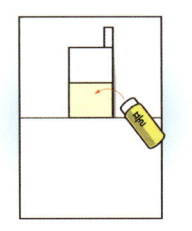

3. 공장을 납작하게 접어서 팝업을 붙이는 바탕종이의 가운데 접은 자국을 따라 상자 중 하나의 아래쪽에 풀로 붙입니다. 다른 상자의 아래쪽에 풀을 붙이고 바탕종이를 접어 붙입니다.

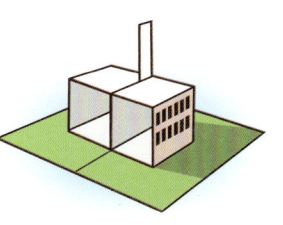

- **활용 4**

아이들에게 그들이 빅토리아 시대에 공장에서 일하는 아이들의 부모라고 생각하고 자세한 이야기를 쓰도록 합니다. 14쪽에 나오는 오리가미 책에 이야기를 쓰고, 이것을 공장 팝업의 바탕종이에 붙입니다.

- **활용 5**

이 공장이 초콜릿 공장인데 만드는 과정에서 뭔가 잘못되어 엉망이 되었다고 상상해보도록 합니다. 이런 상황을 재미있고 긴장감 넘치는 이야기로 만듭니다.

고층건물 팝업

1. 집 팝업을 만들 때와 똑같은 방법으로 팝업 바탕종이를 만듭니다. A4 크기의 종이 길이가 긴 쪽 가장자리를 접습니다. 가장자리끼리 풀로 붙인 다음 납작하게 만듭니다. 세로로 길게 반 접었다가 펼칩니다.

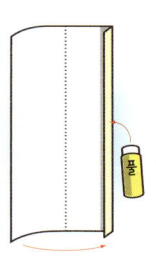

2. 아래쪽 가장자리를 접고 그림처럼 잘라 냅니다.

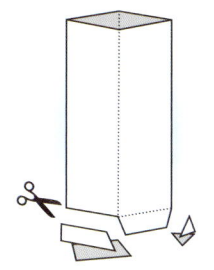

3. 남은 가장자리에 풀칠을 해서 그림처럼 45도 각도로 가운데 접은 자국의 한 면에 붙입니다. 다른 가장자리에 풀칠을 해서 그것이 붙도록 바탕종이를 접습니다. 바탕종이의 바깥으로 비어져 나온 종이를 잘라냅니다.

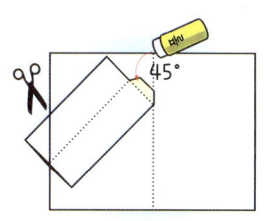

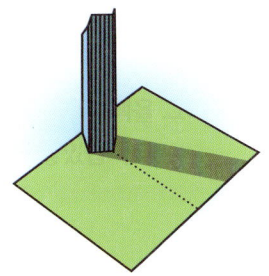

겟라이팅↲

• **활용 6**

아이들에게 20세기 건축에 변화를 가져온 새로운 건물의 재료와 기법이 무엇인지 생각해 보도록 합니다. 높이 솟아오른 고층 건물들이 사람들의 생활을 어떻게 바꾸어 놓았는가를 글로 써 보게 합니다.

• **활용 7**

고층건물에서 사는 사람들의 생활방식은 그렇지 않은 사람들의 생활방식과 어떻게 다른가를 아이들과 이야기해 봅니다. Q&A 인터뷰 방식으로 건물에서 사는 사람들에게 질문을 하고, 그것을 잡지에 실린 한 가족의 이야기로 기사를 만들어 팝업 주변에 씁니다.

Fan pop-ups

17. 부채 팝업

종이 부채와 대나무 부채는 고대 중국으로 거슬러 올라가는 오랜 역사를 가지고 있습니다. 그러나 다양하게 접는 방식은 일본에서 온 것입니다. 지그재그 모양으로 납작하게 접은 부채들이 팝업 책 그림에 적합하기 때문에 이런 방식을 자주 사용합니다.

중국식 부채

1. A4 크기의 종이를 가로 방향으로 반 접었다가 펴서 팝업을 붙이는 바탕종이를 만듭니다. A4 크기의 종이를 세로 방향으로 반 접어 잘라서 부채를 만듭니다. 자른 종이 2장 중 1장은 가로 방향으로 반 접고, 이것을 다시 반 접었다가 펼칩니다. 가운데 접은 자국에 맞추어 왼쪽 면과 오른쪽 면을 접습니다. 다시 펴서 W자 모양이 되도록 지그재그로 접습니다. A7 크기의 종이를 세로 방향으로 반 접습니다. 지그재그로 접힌 첫 번째 부분의 아랫면에 붙입니다. 지그재그로 접힌 마지막 부분의 아랫면에

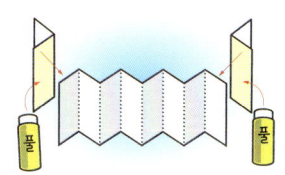

도 똑같이 붙입니다.

2. 그림처럼 바탕종이에 한 면을 붙입니다. 부채의 맨 위에 오는 부분에 풀칠을 하고, 바탕종이를 덮어서 붙게 합니다.

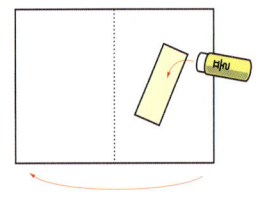

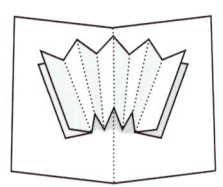

✩ 도움이 되는 힌트 : 부채를 만들기 전에 글이나 그림을 완성합니다.

겟라이팅

- **활용 1**

  일상생활이 그려진 중국식 부채를 보여줍니다. 공원에서 놀기, 축구 게임 등 부채에 무엇을 그려서 보여주고 싶은가를 아이들과 이야기해 봅니다.

- **활용 2**

  팝업을 붙이는 바탕종이의 앞과 뒤에 인터넷을 검색해 알아본 중국식 부채의 역사를 간단하게 씁니다.

지그재그 팝업

1. A3 크기의 종이를 가로 방향으로 반 접었다가 펴서 팝업 붙이는 바탕종이를 만듭니다. A3 크기의 종이 길이가 긴쪽 가장자리에서 4cm 정도 잘라 내서 팝업을 만듭니다. 1단계와 같은 방식으로 접어서 부채를 만듭니다. 접은 종이를 M자 모양으로 놓고, 그림처럼 종이의 네 부분이 겹쳐 접힌 가장자리에서 두 곳을 오립니다. 안으로 접었다 편 다음 펼친 부분을 안으로 접습니다. 종이를 뒤집어서 W자 모양이 되게 합니다. 그리고 안으로 접은 부분이 바깥으로 나오게 합니다.

2. 그림처럼 팝업 붙이는 판에 마지막 부분의 뒷면을 풀로 붙입니다. 첫 번째 부분에 풀칠을 하고, 팝업 붙이는 판을 접어서 잘 붙도록 합니다.

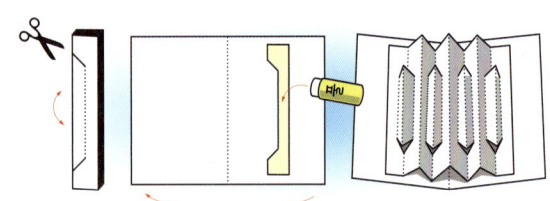

✩ 도움이 되는 힌트 : 가위를 잘 다룰 줄 아는 고학년 아이들은 접힌 팝업 4개를 한꺼번에 안으로 자를 수 있습니다. 저학년 아이들은 접힌 팝업을 하나씩 잘라야 합니다.

겟라이팅

- **활용 1**

  이 장면은 1940년대 거리 풍경입니다. 화살표를 해서 집들이 왜 창문에 종이를 붙였는지 설명해 봅니다. 벽에 "함부로 말하면 죽는다" 같은 그 당시의 포스터를 붙입니다.

- **활용 2**

  지그재그를 접기 전에 꿈틀거리며 기어가는 뱀을 그립니다. 인터넷을 검색하여 세계의 뱀 이야기를 찾아봅니다. 그 중 하나를 골라서 내 맘대로 다시 만들어 봅니다. 팝업 아래에 이야기를 쓰기 시작해서 뒷장에 이어서 씁니다.

물새 책

1. A4 크기의 종이를 가로 방향으로 반 접었다가 펴서 팝업 붙이는 바탕종이를 만듭니다. 새의 몸을 만들기 위해 A4 크기의 종이를 가로 방향으로 반 접습니다. 다시 반으로 접었다가 펼칩니다. 왼쪽 면과 오른쪽 면을 가운데 접은 자리에 맞추어 접습니다. 펼쳐서 W자 모양이 되도록 부분들을 지그재그로 접습니다. 펼쳐서 세로 방향으로 반 접었다가 펼칩니다. 세로 방향으로 접은 자국을 따라 마지막 부분만 자르지 않고 오려 냅니다.

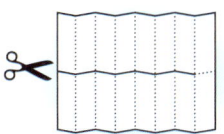

2. 위쪽 반을 지그재그로 접고 마지막 부분을 풀칠하여 아래쪽 마지막 부분에 붙입니다. 아래의 절반을 지그재그로 접습니다. 그림처럼 지그재그로 접은 부분의 가장자리에 풀칠을 합니다.

3. 그림처럼 팝업 붙이는 바탕종이에 붙입니다. 아래쪽 부분과 똑같이 위쪽 부분에도 풀칠을 한 다음, 바탕종이를 덮어서 붙이도록 합니다.

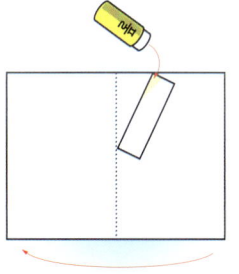

4. 목과 머리를 만들기 위해 A6 크기의 종이를 세로 방향으로 반 자릅니다. 반으로 자른 것 중 1장을 그림처럼 접어서 새의 머리를 만듭니다. 종이의 양면을 똑같이 접습니다.

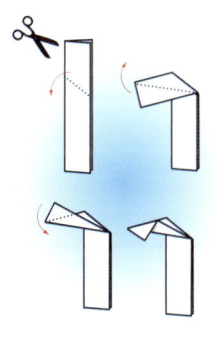

5. 목에 풀칠을 해서 부채 접어놓은 것의 앞에 붙입니다. 필요하면 부리의 양면이 한데 잘 붙어 있도록 양면 사이에도 풀칠을 합니다.

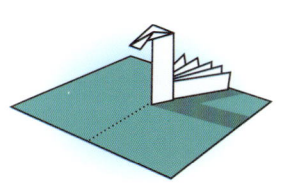

- **활용 1**

「미운 오리 새끼」 팝업 책의 마지막 면을 만들어 본다고 생각하고 마지막 장면을 글로 쓰도록 합니다.

- **활용 2**

동물을 보호하자는 내용의 포스터를 만들어 봅니다. 깡통이나 비닐봉지 같은 쓰레기를 물새들이 사는 곳에 던지면 위험하다는 내용의 글을 팝업 둘레에 써 넣습니다.

→ 제이슨(12세)이 만든 「그때 하느님이 말씀하시기를…」입니다. 이것은 성경 이야기로 만든 팝업 책 중 한 면입니다.

Pop-up windows

18. 창문 팝업

이 팝업은 그림처럼 벽에 붙일 수 있습니다. 다른 팝업들과는 다르게 꽤 얇아서 공간을 아주 적게 차지합니다. 이 팝업으로 거대한 장난감 무대를 만듭니다. 그리고 내가 어린 시절을 보낸 1950년대에 이런 스타일의 예수 탄생 그림이 있었던 것을 기억합니다. 하지만 이 팝업에서 변형된 모양은 아주 다양합니다.

Make the basic presentation frame

기본형 틀 만들기

1. A4 크기의 종이를 가로 방향으로 반 접었다가 펴서 팝업 붙이는 바탕종이를 만듭니다. 틀을 만들기 위해 A4 크기의 종이가 짧은 쪽 가장자리에서 1cm와 2cm 그리고 다시 1cm를 잽니다. 4cm 폭으로 따라 오리고 이 긴 띠 아래위로 1cm씩 살짝 표시해 둡니다. 종이의 나머지 부분을 가로 방향으로 반 접고, 접힌 가장자리에서 그림처럼 창문을 잘라 냅니다.

2. 4cm짜리 종이조각을 4등분해서 자릅니다.

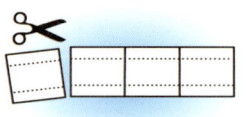

3. 4등분으로 자른 것 중 하나를 가로 방향으로 반 접습니다. 그림처럼 아래와 위쪽을 자릅니다.

4. 위쪽과 아래쪽의 접은 자국을 따라 접습니다. 가운데 부분에 풀칠을 하고 한데 붙여서 브래킷(까치발)을 만듭니다. 남은 종이조각 3개도 3단계를 거쳐 똑같이 만듭니다.

5. 브래킷(까치발) 2개를 그림처럼 창문틀에 붙입니다.

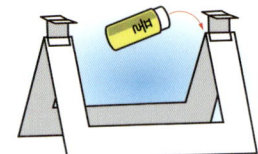

6. 창문틀에 붙인 브래킷을 팝업 붙이는 바탕종이의 가운데에 붙입니다.

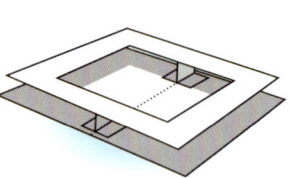

7. 틀을 반으로 접어서 판의 오른쪽 면에 납작하게 붙도록 합니다. 틀의 아래에 브래킷을 붙입니다. 브래킷의 아래에 있는 접힌 가장자리에 풀칠을 하고 판을 그 위로 덮어서 붙게 합니다. 틀을 펴고 다른 면도 똑같이 합니다.

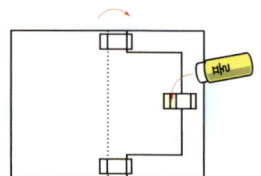
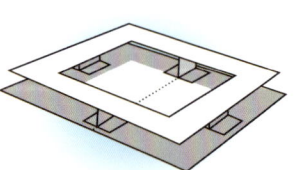

- 활용 1

아이들의 손 글씨와 그림을 소개하는 틀을 만들어 봅니다. 붙었다 떼었다 할 수 있는 풀을 사용하면 쉽게 작품을 바꿀 수 있습니다.

- 활용 2

틀 가운데를 오려 낸 종이에 콜라주 기법으로 만

든 사계절 그림을 만들어서 창문 공간에 붙입니다. 이것을 붙이기 전에 틀의 가장자리를 빙 둘러서 '내가 좋아하는 것…'으로 시작하는 시나 깊은 생각이 담긴 산문을 씁니다.

- **활용 3**

크리스마스 카드를 만듭니다. 가운데에 예수가 탄생하는 장면을 그리고, 틀을 빙 둘러서 가장 좋아하는 크리스마스 캐롤을 씁니다.

배경이 있는 팝업 무대

1. 창문틀의 바탕종이와 같은 방법으로 팝업을 붙이는 바탕종이를 만듭니다. A4 크기의 종이의 왼쪽 가장자리에서 1cm와 2cm를 재고, 잰 자리를 따라 접습니다. 오른쪽 가장자리도 똑같이 합니다. 종이를 가로 방향으로 반 접습니다. 그림처럼 접힌 가장자리에서 창문을 오려 냅니다.

2. 무대 배경은 틀과 넓이가 같습니다(접힌 가장자리는 포함하지 않습니다). 왼쪽과 오른쪽 가장자리에서 1cm를 재고, 잰 자리를 따라 접습니다. 가로 방향으로 반 접습니다. 배경의 모양을 만들면서 위쪽을 오려 냅니다.

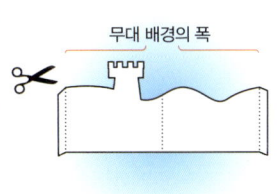

무대 배경의 폭

3. 브래킷을 만들기 위해 자르고 남은 종이의 짧은 쪽 가장자리에서 2cm와 1cm 그리고 다시 1cm를 잽니다. 위에 나온 틀 만들기의 2~5단계대로 따라 하되 브래킷을 2개만 만듭니다. 틀을 접힌 가장자리를 바깥으로 접고, 틀 안에 그림처럼 무대 배경을 붙입니다.

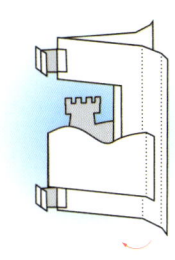

4. 무대 배경의 접힌 가장자리를 틀의 접힌 가장자리에 붙입니다. 무대 배경의 접힌 가장자리는 틀의 접힌 가장자리에 반 정도 붙어야 합니다. 다른 면도 똑같이 합니다. 틀에 브래킷을 붙입니다. 틀의 가장자리 1cm 정도 풀칠을 하고, 풀칠한 부분이 바탕종이에 붙도록 판을 위로 덮습니다. 다른 면도 똑같이 합니다.

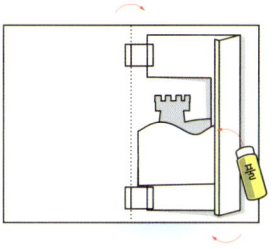

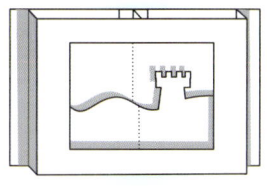

- **활용 4**

지금 읽고 있는 책에서 가장 좋아하는 장면을 무대 배경과 배경막 위에 그립니다. 무대 뒤에 이 장면의 내용을 다시 만들어 씁니다. 그 장면의 어떤 부분이 마음에 들었는지 생각해 봅니다.

- **활용 5**

국회의사당처럼 유명한 건물을 무대 배경으로

그립니다. 틀 아래에 그곳을 방문한 이유를 씁니다. 틀의 윗부분에 '놓치지 마세요…'로 시작하는 글을 씁니다.

✯ 도움이 되는 힌트 : 절대로 무대 배경의 가장자리에 그림을 그리지 않도록 합니다. 이 부분에 그림을 그리면 틀에 가려 보이지 않습니다.

→ 베서니(10세)가 만든 「노아의 방주」입니다. 방주는 팝업 무대의 가운데를 차지하고 있습니다. 동물들과 노아 부부의 그림을 오려서 방주에 붙였습니다. 노아의 방주를 다시 쓴 이야기는 따로 지그재그 책에 써 두었습니다.

Story theatres
19. 이야기 무대

이런 무대들은 19세기 아이들의 마음을 사로잡았습니다. 물론 요즘 아이들도 아주 좋아합니다. 막대 인형을 만들어 이야기나 연극을 직접 해보고 싶을 것입니다. 언제든 아이들이 직접 연극을 만들기 위해 디자인을 바꾸어 보도록 격려할 수 있습니다.

Make the basic theatre book
기본형 책만들기

1. A3 크기의 종이로 14쪽에 나오는 지그재그 책을 만들어 펼칩니다. 세로 방향으로 반 접은 다음, 다시 세로 방향으로 반 접습니다. 접힌 가장자리에서 세 번째 부분에서 창문을 오려 냅니다.

2. 종이를 펴고 그림처럼 자릅니다.

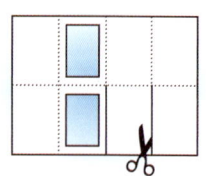

3. 세로 방향으로 반 접은 다음, 끝 부분을 다른 쪽 끝에 집어넣습니다. 이때 다른 플랩이 바깥쪽에 있는지 주의해서 보도록 합니다.

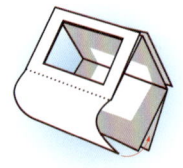

4. 무대의 바탕종이 위에 사람들을 만들어 붙입니다. 뒷면에 글을 쓸 수 있습니다.

- 활용 1

램프를 들고 있는 알라딘과 지니를 무대 안에 붙입니다. 뒷면에 알라딘의 한 장면을 대화 형식으로 씁니다.

- 활용 2

펀치와 주디 연극(빅토리아 시대부터 있었던 인형극)을 만듭니다. 줄거리와 주인공을 만들고, 전형적인 빅토리아 시대의 장면을 설명합니다.

- 활용 3

100년이 지나면 학교 운동장이 어떻게 변해 있을까를 상상해서 운동장을 만들어 봅니다. 학교 운동장에서 할 수 있는 놀이와 운동장에 설치되는 놀이 기구들에 대해 써 봅니다.

서 있는 무대

1. A4 크기의 두꺼운 종이를 세로 방향으로 반 접어서 자릅니다. 그 중 한 장의 왼쪽 가장자리에서 1cm를 재고 접은 자국을 냅니다. 접은 자리에서 4cm를 재고 다시 접은 자국을 냅니다. 오른쪽 가장자리에서도 똑같이 합니다. 그림처럼 접은 자국 사이에 4개의 홈을 오립니다.

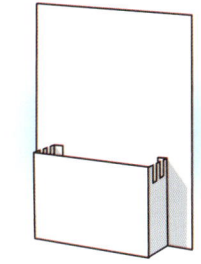

2. 접은 자국을 따라 접은 다음, A4 크기의 종이에 붙입니다.

3. 서 있는 무대의 홈에 무대 배경을 만들어 넣습니다.

- 활용 4

나무, 식물, 동물들이 있는 열대우림 그림을 만들어 서 있는 무대의 홈에 꽂아 넣습니다. 서 있는 상자 위에 열대우림을 살리기 위해 우리가 할 수 있는 일을 써 넣습니다.

- 활용 5

종이 뒷면에 연기와 불꽃으로 뒤덮인 린던 대화재 당시의 모습을 입체로 그리고, 건물들을 홈에 꽂습니다. 지그재그 책에 화재가 일어나기 시작해서 계속 진행되는 과정을 쓰고, 서 있는 무대에 붙입니다.

- 활용 6

앞쪽의 홈에는 파도를 만들어 끼우고, 뒤쪽의 홈

에는 인어를 만들어 끼웁니다. 서 있는 무대의 앞에 인어가 자기 지갑에 무엇을 넣어 왔는가를 써 넣습니다. 반 아이들에게 무대가 장난감 가게 안에 있다고 상상해 보도록 합니다. 그런 다음 손님이 무대를 사고 싶은 마음이 들 정도로 솔깃하게 만들 글을 서 있는 무대의 뒷면에 써 보도록 합니다.

- 활용 8

서커스 장에서 있었던 기마곡예 장면을 넣고, 설명을 자세하게 씁니다. 틀을 빙 둘러서 인기 있었던 것들을 목록으로 만들고 멋진 설명을 덧붙입니다.

- 활용 9

생일 카드를 만듭니다. 파티 장면이나 생일 선물을 그립니다. 아이들과 한 문장으로 된 생일 인사를 만들어 봅니다. 얼마나 재미있는 문장이 나올까요?

맞물림 장치 무대

1. 86쪽에 나오는 템플릿을 복사합니다. 커팅 매트나 두꺼운 하드보드지 위에 종이를 놓고 칼로 반듯하게 오립니다. 점선을 따라 접은 자국을 내고 가운데 부분을 한가운데로 접습니다. 위쪽과 아래쪽 부분을 맞물립니다. 가장자리를 바깥쪽으로 당기면서 무대를 엽니다.

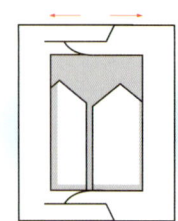

2. 가장자리를 안으로 밀어서 무대를 닫습니다.

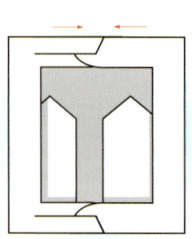

→ 에이미(7세)가 만든 「빅토리아 시대의 서커스 장」입니다. 에이미는 열려 있는 평평한 무대 위에 그림을 그렸습니다. 하지만 무대가 닫혔을 때 모습이 어떤가를 보려면 무대를 닫아 보아야 합니다. 에이미는 보이지 않는 자리에 복잡한 그림을 그리지 않았습니다.

- 활용 7

무대를 곡예사와 어릿광대로 채우고 바깥쪽 틀에 파티 초대장을 씁니다. 무슨 이야기를 쓰고 싶은지 자세하게 계획을 세웁니다.

Paper mechanics

20. 종이 장치 책

밀고 당기는 슬라이드는 이야기책이나 논픽션 책을 가리지 않고 어린이 책에 여러 가지 방식으로 다양하게 널리 사용되고 있습니다. 쉽게 움직일 수 있게 만드는 이 방법으로 아이들의 상상을 붙잡아 보도록 합시다.

위아래로 바뀌는 장치

1. A4 크기의 종이를 세로 방향으로 반 접습니다. 그림처럼 홈을 오린 다음 펼칩니다.

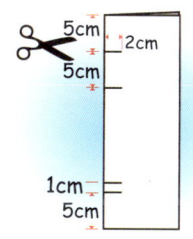

2. 4cm 폭의 두꺼운 종이조각을 A4 크기의 종이가 긴쪽 가장자리에서 잘라 냅니다. 기다란 종이조각의 위쪽에 작은 종이조각을 풀로 붙입니다.

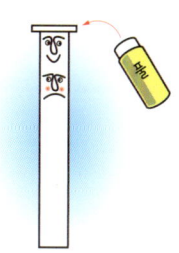

3. 위쪽 홈으로 먼저 두꺼운 기다란 종이조각을 엮듯이 집어넣습니다. 기다란 종이조각을 아래로 당기고 위그림을 그려 넣습니다. 기다란 종이조각을 위로 밀어올린 다음 아래그림을 그립니다.

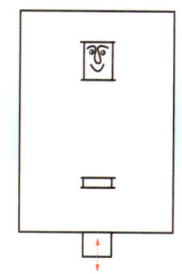

- **활용 1**
  기다란 종이조각의 위쪽에 행복한 표정을 한 얼굴을 그리고, 아래쪽에 슬픈 표정을 한 얼굴을 그립니다. 종이의 왼쪽 면에다 나를 행복하게 만드는 것들을 쓰고, 종이의 오른쪽 면에 나를 슬프게 하는 것들을 씁니다.

- **활용 2**
  아이들에게 건강을 지켜주는 음식과 건강을 해치는 음식에 대해 생각해 보도록 합니다. 기다란 종이조각 위쪽의 그림에는 건강을 해치는 식품으로 만든 요리를 그리고 아래쪽의 그림에는 건강을 지켜주는 식품으로 만든 요리를 그립니다. 종이의 위쪽에는 경고하는 글을 쓰고, 균형 잡힌 식단은 어떤 것인지 의견을 덧붙입니다.

여행 책

1. A4 크기의 종이를 가로 방향으로 반 접습니다. 접힌 가장자리를 아래로 놓고, 가장자리에서 위로 2cm

정도 잰 다음 잰 자리로 종이를 내려 접습니다.

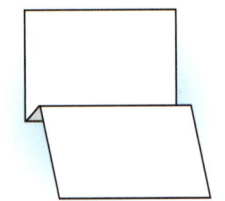

2. 슬라이드 장치를 만들기 위해 2cm 폭의 두꺼운 종이를 A4 크기의 종이가 긴 가장자리에서 잘라냅니다. 예를 들어 자동차나 배 같은 여행과 관련된 아이템을 만들어 기다란 종이조각의 가운데에 붙입니다.

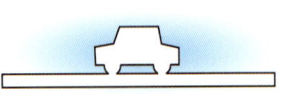

3. 슬라이드 장치를 종이의 접은 부분에 넣습니다. 작은 종이조각 2개를 슬라이드 장치를 제자리에 있도록 유지해 주는 종이의 접은 부분 위에 붙입니다.

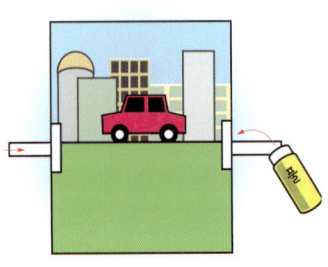

라이팅

• **활용 3**

차 모양을 만들고 기다란 종이조각에 붙여서 슬라이드 장치를 만듭니다. 아이들에게 휴가 때 꼭 가지고 가야 하는 것은 무엇인지 생각해 보도록 합니다. 가져가야 할 물건 목록을 중요한 순서대로 만듭니다.

• **활용 4**

유명한 시 「올빼미와 고양이」를 아이들과 함께 살펴봅니다. 슬라이드 배에 타고 있는 올빼미와 고양이를 만들어 보고, 아래의 공간에 손글씨로 시를 씁니다.

• **활용 5**

슬라이드 위에 트로이의 목마를 만들고, 오른쪽 면에 도시의 성문을 그립니다. 목마 안에 숨어 있던 군사들의 관점에서 이야기를 다시 만들어 봅니다.

우주 책

1. A4 크기의 종이를 가로 방향으로 반 접어서 바탕을 만듭니다. 접힌 가장자리에 그림처럼 홈과 반원을 오려 낸 다음 펼칩니다.

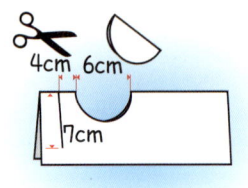

2. 두꺼운 A4 크기의 종이를 세로 방향으로 반 자릅니다. 위쪽 가장자리에 기다란 종이조각을 붙입니다.

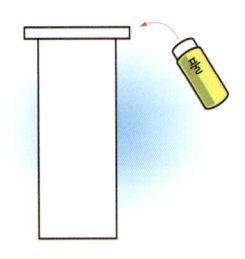

3. 바탕종이를 돌려서 가로 방향으로 길게 놓고 슬라이드 장치를 바닥판의 뒷면(구멍과 원이 있는 절반)에 붙입니다. 종이조각 2개의 끝을 바탕에 붙여서

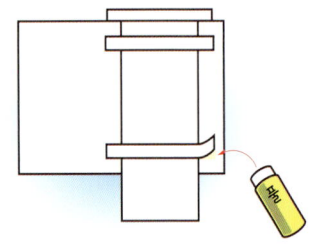

슬라이드 장치가 제자리에 있도록 합니다.

4. 뒤집어 놓습니다. 슬라이드를 아래로 당기고 원 안에 지구를 그립니다. 오른쪽 면에 탭이 있는 로켓을 만듭니다. 로켓을 홈에 넣어 슬라이드의 뒷면에 탭을 풀로 붙입니다.

5. 슬라이드를 밀어 올리고, 원에 다른 행성을 그립니다.

→ 섀언(7세)이 만든 「건강한 식사를 해요」입니다. 섀언은 건강을 해치는 식품으로 만든 요리와 건강을 지켜주는 식품으로 만든 요리를 슬라이드에 그렸습니다. 섀언은 건강 교육 프로젝트를 하면서 다양하게 글을 배치하고, 다양한 스타일로 표현했습니다.

• **활용 6**

먼저 글과 그림을 모두 완성합니다. 바탕종이 위에 우주선 선장의 항해일지를 씁니다. 선장이 우주를 여행하면서 어떤 문제가 있었고, 문제를 어떻게 해결했을까요?

• **활용 7**

우주 정거장에 있는 비행사가 지구에 사는 친구에게 편지를 써보냅니다. 직업 중에 귀하고 천한 것이 있는지 생각해 봅니다.

Jointed paper mechanics

21. 종이관절 장치 책

놀랍게도 종이는 아주 강한 재료입니다. 도르래, 톱니바퀴, 컨베이어 벨트를 포함해 여러 가지 종류의 기계적인 물건들과 기계적인 작동을 그대로 본떠서 실행할 수 있습니다. 여기에는 3가지 다른 종류의 지레 원리를 이용한 책 만들기가 나옵니다.

올라가는 팔

1. A4 크기의 종이를 가로 방향으로 반 접어서 바탕종이를 만듭니다. 접힌 가장자리에 2cm 길이의 홈을 오린 다음 펼칩니다.

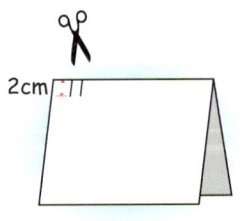

2. 종이를 세로 방향으로 반 접습니다. 접힌 가장자리에서 2cm 길이의 홈을 오립니다. 종이를 편 다음, 종이의 가운데 1cm 아래에 작은 구멍을 뚫습니다.

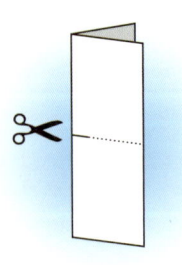

3. A4 크기의 두꺼운 종이가 짧은 쪽 가장자리에서 4cm 폭의 종이조각을 잘라

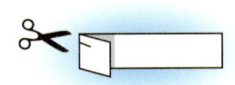

내서 지레를 만듭니다. 종이조각의 왼쪽 가장자리에서 4cm 떨어진 자리를 수직으로 접습니다. 접힌 가장자리에서 1.5cm를 오립니다.

4. 그림처럼 팔을 만듭니다. 팔 끝에 이음매 모양을 만들어 줍니다. 이음매의 모서리를 접습니다.

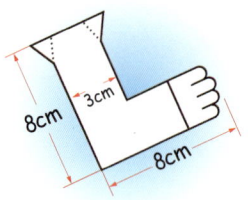

5. 바탕종이의 가운데에 있는 홈으로 팔을 끼웁니다. 팔과 바탕종이에 난 구멍에 할핀을 끼우고, 반대쪽 면에서 할핀을 벌려 줍니다.

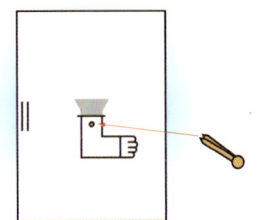

6. 바탕종이를 뒤집어 놓고, 수직의 홈에 지레를 끼웁니다. 팔을 지레와 이음매 끝의 펴진 부분에 있는 수평의 홈으로 밀어 넣습니다.

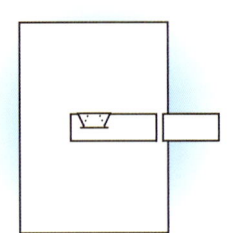

7. 앞으로 뒤집어 놓습니다. 손에 포크를 붙입니다. 지레를 밀었다 당겼다 해서 팔을 움직이게 합니다.

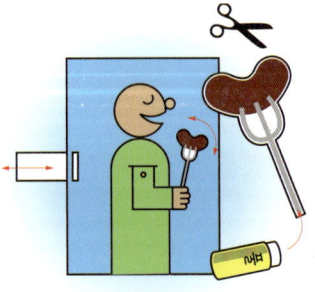

• **활용 1**

팔과 크기를 잘 맞춰서 바탕종이에 사람을 그려 넣습니다. 예를 들어 "빌리는 자기 무게만큼 소시

지를 먹는다"라든가 "마서는 으깬 감자를 엄청나게 좋아한다"처럼 이 장치와 어울릴 만한 신문 기사 형식의 글을 씁니다.

• 활용 2

손을 들어 올려서 인형의 입 속에 돈을 집어넣는 장치가 있는 저금통은 빅토리아 시대의 아이들에게 가장 인기가 있었던 장난감이었습니다. 과거에 어떤 장난감이 가장 인기 있었는가를 씁니다. 그리고 부자 아이들과 가난한 아이들의 장난감을 비교해 봅니다.

• 활용 3

사람이 이를 닦는 모양의 장치를 만들어 봅니다. 치약 광고를 기획합니다. 치약에는 얼마나 다양한 맛이 있을까요?

날으는 새 책

1. 두꺼운 A4 크기의 종이를 세로 방향으로 반 접어서 바탕종이를 만듭니다. 접힌 가장자리의 위에서 아래로 7cm 되는 곳에 1cm 길이의 홈을 오립니다. 접힌 가장자리의 아래에서 위로 2cm 되는 곳에 1cm 길이의 홈을 오립니다. 그런 다음 펼칩니다.

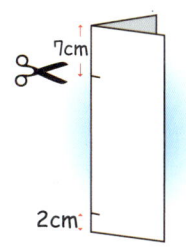

2. 두꺼운 A4 크기의 종이가 긴 쪽 가장자리에서 2cm 폭의 기다란 종이조각을 잘라 냅니다. 위에서 4cm 되는 곳을 접어 줍니다.

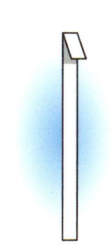

3. 6cm 정도의 새 날개를 만듭니다. 지레를 바탕종이의 아래쪽 홈으로 끼워 넣고, 접힌 끝을 위쪽 홈을 통해 밀어 넣습니다. 날개를 지레의 끝 쪽에서 약 3cm 정도 되는 곳에 붙입니다.

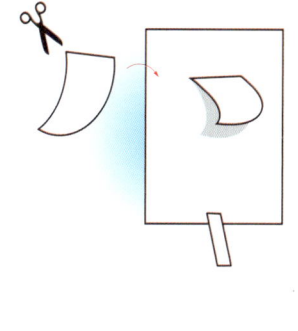

4. 지레의 접은 부분에는 지레를 밀고 당길 때 날개가 올라갔다 내려갔다 하게 만들려면 약 1cm 정도 위에 날개 홈이 있어야 합니다.

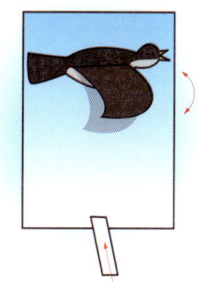

• 활용 4

이 프로젝트를 하면서 가운데에 중국의 용을 넣을 수도 있습니다. 아이들에게 인터넷을 검색해서 중국의 문화와 신화에서 용은 어떤 것인지 정보를 모으도록 합니다. 바탕종이의 다른 공간에 찾아낸 것을 모아서 기록합니다.

• 활용 5

아이들에게 그림으로 그릴 영국의 새를 골라 보도록 합니다. 새들이 왜 영국으로 왔는가, 영국의 새들은 어디로 이동하는가를 씁니다.

• 활용 6

엄청나게 빨리 움직일 수 있는 날개가 달린 새 비슷한 동물을 상상으로 만들어 봅니다. 아이들에게 자신이 자연사 박물관의 큐레이터라고 가정하고 만들어 낸 이런 새의 모습과 특색을 설명해 보도록 합니다. 왜 이런 것을 어렵다고 생각할까요?

→ 브라이언(10세)이 만든 「음식점」입니다. 브라이언은 가운데 중요한 그림 주변의 공간을 활용하여 더 작은 그림과 글을 덧붙였습니다.

→ 전서진(9세)이 만든 「유라 구출해 내다」입니다. 4칸으로 분할된 책을 만들었습니다. 독감을 낫게 해준 의사선생님이 유라가 납치되자 새로운 무기를 만들어 유라를 구출해내는 이야기입니다. 분할된 면에는 유라와 의사선생님의 사건 전과 후의 표정이 잘 표현되어 있습니다.

Split level books

22. 분할 책

이런 책들은 100여 년 전부터 우리 주변에서 쉽게 볼 수 있었습니다. 어떤 책은 몸(동물)을 여러 부분으로 나누고, 또 어떤 책은 표정에 초점을 맞추기도 합니다. 어떤 식으로 접근하든 아이들은 스스로 만들어 낸 재미있는 캐릭터를 좋아합니다.

Make the basic split body book

기본형 책만들기

1. A4 크기의 종이를 세로 방향으로 반 접습니다. 왼쪽과 오른쪽 가장자리에서 가운데 중심선에 맞추어 접었다가 펼칩니다. 왼쪽과 오른쪽 플랩의 중간까지 오리고, 안으로 접습니다.

 겟라이팅

- 활용 1
플랩의 앞과 뒤, 그리고 가운데 부분에 사람을

그리고, 똑같이 길이를 재 허리 부분에서 자릅니다. 만들어낼 수 있는 사람과 옷의 형태가 얼마나 많은가를 아이들에게 보도록 합니다.

- **활용 2**

위의 제안을 활용하되 유명한 사람이나 로마의 백인대장(로마 백인대 우두머리)처럼 역사의 여러 시대에 입었던 옷이나 현대의 소방관 옷 같은 것을 그려서 책을 만듭니다.

니다. 그림이 완성되고 나면 아이들에게 그려 놓은 사람 중 한 사람의 특징을 쓰도록 합니다.

- **활용 4**

아이들에게 적어도 두 사람을 골라서 그들에 관한 이야기를 만들어 보도록 합니다. 그들의 모습과 어울리는 이름을 짓는 것에서 시작합니다.

- **활용 5**

더 많은 분할 부분을 덧붙여서 몸의 다른 부분들을 다시 나눕니다. 예를 들어 몸통 아래 부분을 잘라서 종아리와 넓적다리로 나눌 수 있습니다.

얼굴 분할 책

1. A4 크기의 종이를 몸 분할 책을 만든 것처럼 똑같이 접습니다. 오른쪽과 왼쪽 플랩을 4개 이상으로 등분하여 자르고 안으로 접습니다. 각 플랩이 같은 비율을 유지해야 모든 부분을 조합할 수 있습니다.

- **활용 3**

선글라스를 포함해 눈을 다양하게 바꿀 수 있는 방법, 모자나 스카프를 포함해 머리 모양을 다양하게 바꿀 수 있는 방법 등을 아이들과 의논해 봅

분할 프로젝트 책

1. A3 크기의 종이를 가로 방향으로 반 접고, 다시 세로 방향으로 반 접습니다. 펼쳐서 세로로 길게 돌려놓습니다. 그림처럼 왼쪽에서부터 위쪽 3분의 1과 아래쪽 3분의 2, 가운데 접은 자리까지 차지하는 직사각형을 잘라 냅니다.

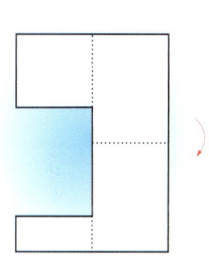

2. 위쪽 절반을 앞으로 접습니다. 앞의 왼쪽 부분을 오른쪽으로 접습니다.

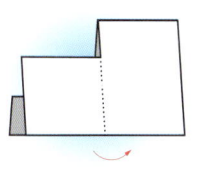

3. 뒤의 왼쪽 부분을 오른쪽으로 접습니다.

 겟라이팅

- **활용 6**

아랫부분에 마을을 그리고, 가운데 부분에 소도시를, 윗부분에 대도시를 그립니다. 이 지역에 살고 있는 사람들에 관한 이야기를 빈 공간에 그림 없이 씁니다.

- **활용 7**

아래 부분에 땅속에 살고 있는 동물을, 가운데 부분에 땅 위에서 살고 있는 동물을, 위쪽 부분에 독수리처럼 하늘에서 살고 있는 동물을 나누어 그린 책을 만듭니다. 바다 생물을 가지고도 바다의 가장 깊은 부분, 좀 덜 깊은 부분, 얕은 바다에 살고 있는 생물로 나누어 똑같이 활용할 수 있습니다.

Secret garden books

23. 비밀의 정원 책

책을 만드는 아이디어 중 많은 부분이 일본식 오리가미나 책을 포장하는 디자인에서 나오는 것입니다. 여기에서 나는 바로 이런 것들에 착안한 3가지 아이디어를 보여주려 합니다. 이런 모양들은 시를 표현하고, 깊은 생각을 담은 글을 쓸 때 적합합니다.

Make the basic flower book

기본형 책만들기

→ 리암(12세)이 만든 「우스꽝스러운 얼굴」입니다. 리암은 대조적인 얼굴 특징을 많이 만드는 데 창의적이었습니다. 안내대로 출판된 분할책을 사용해서 머리를 다섯 부분으로 나누었습니다. 왼쪽 얼굴은 정면이고, 오른쪽 얼굴은 측면으로 보이게 했습니다.

1. A4 크기나 A3 크기의 종이로 나올 수 있는 가장 큰 정사각형을 만듭니다. 모서리를 가운데에 맞춰 접습니다.

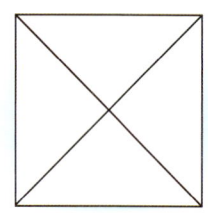

2. 뒤집어서 모서리를 가운데에 맞춰 접습니다.

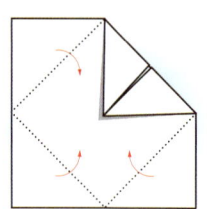

3. 그림처럼 삼각형의 꼭지점들을 접습니다.

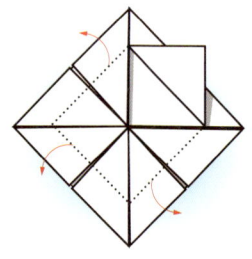

4. 가운데에 시를 씁니다.

5. 뒤집어서 삼각형의 꼭지점들을 바깥으로 접습니다. 가운데에 다른 시를 씁니다.

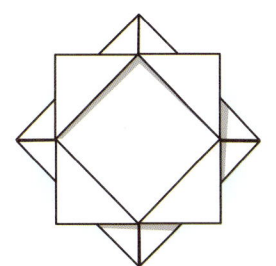

2. 플랩을 아래 위로 서로 맞물리게 합니다. 로켓 목걸이 안에 시를 써 넣습니다.

- 활용 1

'이때에야…'라는 제목이 있다면 예를 들어 "마지막 호랑이가 사냥꾼들에게 붙잡혔을 때에야 우리는 자연이 아름답다는 것을 깨닫게 될 것이다"라는 식의 시를 씁니다.

- 활용 2

'…이라면 대단하지 않겠는가'라는 제목을 붙이고, 예를 들어 "내 침대가 바다를 항해하는 배라면 대단하지 않겠는가?"라는 식으로 꿈에 대해 시를 씁니다.

- 활용 3

'내가 …을 느낄 때'라는 제목으로 시를 씁니다. 예를 들어 "내가 언제 행복하다고 느끼냐구요? 큰 소리로 노래를 부를 때 그런 느낌이 들어요" 하는 식으로 시를 씁니다. 색연필로 연하게 시에 어울리는 그림을 배경으로 그립니다.

- 활용 4

'그렇게 된다면'이라는 제목으로 시를 씁니다. 예를 들어 "내가 부자가 된다면 나는…" 하는 식으로 쓸 수 있습니다. 한 면에는 시를 쓰고, 뒷면에는 시에 어울리는 그림을 그립니다.

로켓 목걸이 시

1. A4 크기의 종이로 만들 수 있는 가장 큰 정사각형을 만듭니다. 가장자리를 모두 가운데로 접었다가 펼칩니다. 그림처럼 모서리들을 잘라내고 플랩의 끝이 점점 가늘어지게 만듭니다.

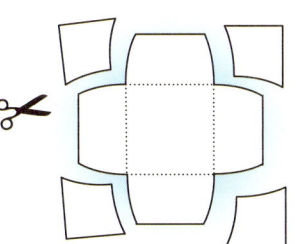

그림 이야기 상자

1. A3 크기의 종이를 세로 방향으로 반 접습니다. 접힌 가장자리가 위로 가도록 하고, 오른쪽 가장자리를 가늘게 접었다가 펼칩니다. 이렇게 접은 선에 맞추어 왼쪽 가장자리를 접었다

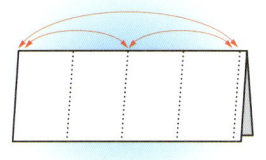

77

가 펼칩니다. 가운데 접은 자리에 맞추어 왼쪽 가장자리를 접었다가 펼칩니다. 가운데 접은 자리를 오른쪽 접은 자리에 맞추어 접었다가 펼칩니다.

2. 세로 방향으로 반 접었다가 펼칩니다. 이렇게 생긴 가운데 접은 선에 위쪽 가장자리를 맞추어 접었다가 펼칩니다. 그림처럼 자릅니다.

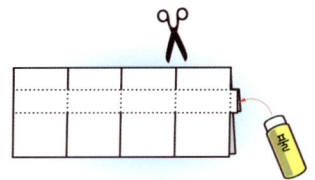

3. 접은 선들을 따라 상자 모양으로 접고, 다른 면의 종이 사이에 있는 탭에 풀칠을 합니다.

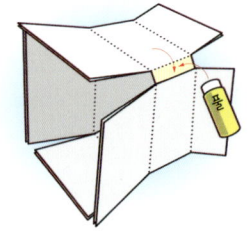

4. 플랩들을 서로 맞물리게 해서 그림처럼 상자 바닥을 만듭니다.

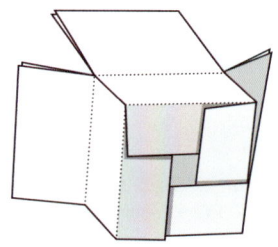

5. 앞쪽의 플랩들을 엽니다. 종이로 배경이 될 만한 것들을 만들고, 그것을 상자 안에 풀로 붙입니다.

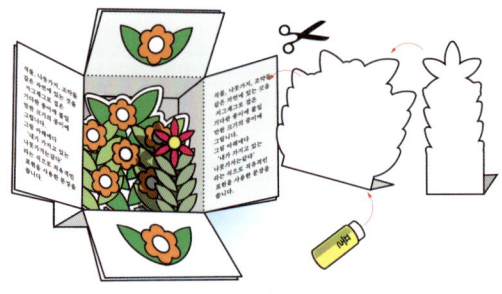

6. 안에 담아 놓으려면 앞의 플랩들을 뚜껑처럼 접을 수 있습니다. 아니면 상자 바닥을 열고, 배경이 될 만한 것들까지 모두 상자를 납작하게 접을 수도 있습니다.

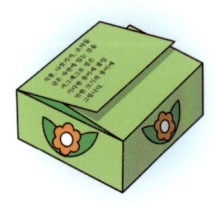

- **활용 5**

이 프로젝트는 '나의 마법의 정원 안에 있는 것은…'이라고 부릅니다. 아이들에게 각 플랩에 다른 것들을 쓰도록 합니다. 이것이 예를 들어 춤을 출 수 있다든가 하는 마술을 부릴 줄 아는 꽃이 될 수도 있습니다. 아니면 안으로 들어갈 때마다 음악을 연주하는 물에 잠긴 정원일 수도 있습니다.

- **활용 6**

각 플랩에 여러 가지 꽃을 그리고 설명을 붙입니다. 특별한 의미를 가진, 예를 들어 장미 같은 꽃들에 관한 정보도 써넣습니다.

✯ 도움이 되는 힌트 : 어떤 면들은 글/그림을 뒤바꾸어 만들기도 할 것이고, 어떤 면은 플랩 어디에 나와 있는지에 따라 옆에 들어가기도 할 것입니다.

→ 파하드(10세)가 만든 「야생화 상자」입니다. 이것은 야생화 키우기 프로젝트입니다. 파하드는 인터넷을 검색해 주제에 대한 정보를 얻어서 플랩 16개에 각기 다른 정보들을 넣었습니다. 파하드는 또 학교 도서관을 뒤져서 주제에 알맞은 그림을 찾아냈습니다.

Containers for books

24. 콘테이너 책

보기 좋게 만든 책을 돋보이게 하고 싶을 때 케이스나 상자보다 더 좋은 것이 없습니다. 책 케이스나 상자는 책을 보호하는 역할도 합니다. 물론 여러 종류의 오리가미 상자들이 있습니다. 그 중에는 만드는 과정이 30단계가 넘는 것도 있습니다. 그렇지만 우리가 만들려는 상자는 아주 간단한 것들입니다.

Make the basic origami case

기본형 오리가미 케이스 만들기

1. A4 크기의 종이를 가로 방향으로 반 접습니다. 접힌 가장자리가 아래로 가게 놓습니다.

2. 위쪽을 아래로 반 내려 접습니다. 위쪽 모서리를 아래로 내려 접은 다음, 펼쳐서 대각선의 접은 선을 둡니다. 아래쪽 모서리를 위쪽으로 올려 접은 다음, 펼쳐서 대각선의 접은 선을 2개 더 만듭니다.

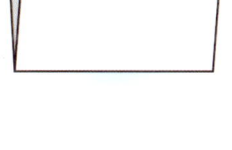

3. 대각선의 접은 선들이 끝나는 지점에서 왼쪽과 오른쪽 가장자리를 가운데 부분 쪽으로 접습니다.

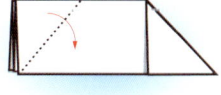

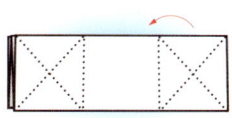

4. 펼쳐서 종이가 다시 반 접힌 상태가 되게 합니다. 앞 종이의 위쪽 모서리들을 앞쪽으로 내려 접습니다. 아래쪽 모서리들을 올려 접습니다.

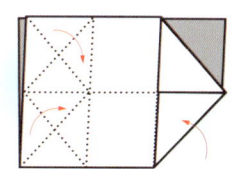

5. 앞 종이의 위쪽 절반을 아래로 내려 접습니다.

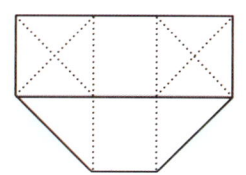

6. 앞 부분을 앞쪽으로 당겨 상자 모양을 만듭니다.

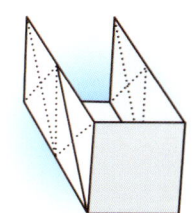

7. 마지막 부분을 앞쪽으로 오게 해 완전한 상자 모양을 만들고, 삼각형 부분을 상자의 옆면에 있는 대각선 주머니 안으로 끼워 넣습니다.

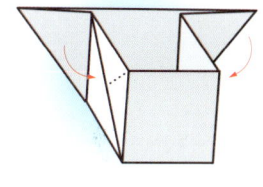

8. 상자의 옆면이 바닥으로 가게 해서 열린 부분이 앞을 향하게 합니다.

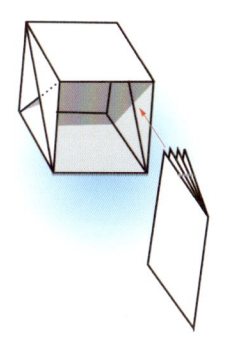

- 활용 1

이 케이스에 넣을 오리가미 책을 만들기 위해서는 책을 만들기 전에 A4 크기의 종이가 짧은 쪽 가장자리에서 3cm, 긴 쪽 가장자리에서 6cm를 잘라 내야 합니다. 가능하면 보통 두께보다 약간 두꺼운 종이를 사용합니다. 하지만 너무 두꺼운 종이는 사용하지 않는 것이 좋습니다.

- 활용 2

케이스를 만들기 전에 종이에 장식할 무늬를 넣어 줍니다. 책의 주제와 어울리는 무늬가 반복적으로 나오는 디자인을 만드는 것이 좋습니다.

4. 주머니를 앞으로 잡아당겨 책 케이스가 되도록 합니다.

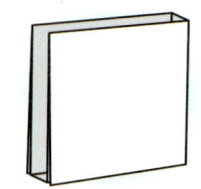

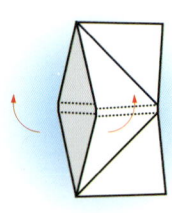

- 활용 3

이 케이스에 넣을 오리가미 책을 만들려면 책을 만들기 전에 A3 크기의 종이가 긴 쪽 가장자리에서 10cm, 짧은 쪽 가장자리에서 3cm를 잘라 내야 합니다.

- 활용 4

케이스를 붙이기 전에 이 케이스에 들어갈 책의 제목을 가지고 케이스 겉면에 반복적인 디자인을 만들어 줍니다.

북 케이스

1. A4 크기의 종이를 세로로 3등분하여 접었다가(9쪽 참조) 펼칩니다. 왼쪽 부분을 종이 뒤로 접습니다.

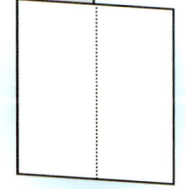

2. 왼쪽의 모서리들을 수직으로 난 접은 선에 맞추어 대각선으로 접습니다. 그림처럼 수평으로 접은 자국을 냅니다.

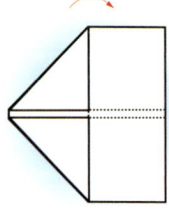

3. 왼쪽 부분이 오른쪽 부분을 덮도록 앞으로 접습니다.

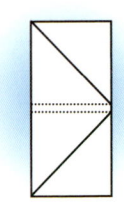

책가방

1. A4 크기의 종이가 긴 쪽 가장자리에서 아래로 3cm를 재고, 이 자리에 맞추어 종이를 내려 접습니다. 오른쪽 가장자리에서 1cm를 재서 접습니다. 왼쪽 가장자리를 오른쪽 가장자리의 접은 부분에 풀로 붙입니다.

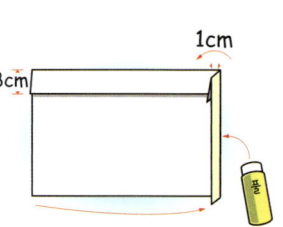

2. 종이의 왼쪽과 오른쪽 가장자리에서 2cm를 잽니다. 잰 자리에 맞추어 앞으로 접었다가 뒤로 접습니다. 아래쪽 가장자리에서 2cm와 4cm를 잽니다. 잰 자리에 맞추어 앞으로 접었다가 뒤로 접은 다음 펼칩니다.

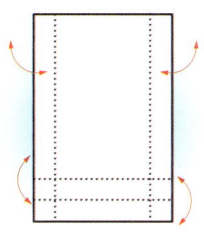

3. 왼쪽과 오른쪽 아래의 모서리들을 4cm 접은 자리 안으로 끼워 넣어서 그림처럼 되게 합니다.

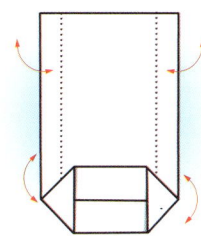

4. 아래쪽에서 2cm 접은 자리에 위쪽을 내려 접습니다. 아래를 2cm 접은 자리에 맞추어 올려 접습니다. 가장자리를 풀로 붙입니다.

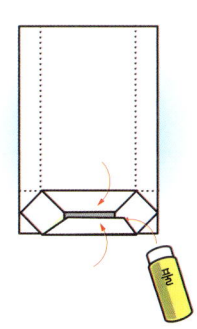

5. 가방을 열어 옆면들을 안으로 들어가게 합니다. 그림처럼 보이도록 가방을 아래로 살짝 밉니다.

6. 그림처럼 손잡이를 만들고 가방 안쪽 위에 풀로 붙입니다.

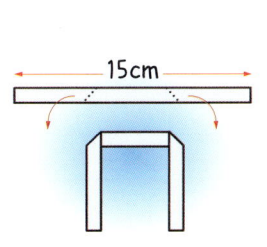
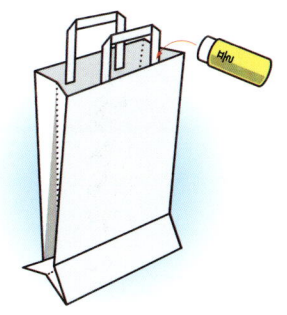

 겟라이팅

- **활용 5**

  이 가방에 넣을 오리가미 책을 만들려면 책을 만들기 전에 A3 크기의 종이가 짧은 쪽 가장자리에서 4cm를 잘라 내야 합니다.

- **활용 6**

  가방을 만들어 선물합니다. 책가방을 받을 사람에게 특별한 인사말을 가방에 씁니다.

- **활용 7**

  아이들에게 A2 크기의 종이를 가지고 아주 커다란 가방을 만들어 보도록 합니다. 이 가방에 아이들이 한 학년 동안 만든 책들을 모두 넣어 둘 수 있습니다.

Book stands

25. 책 받침대

아이들이 만든 책을 전시하게 되면 학교 환경을 멋지게 꾸밀 수 있을 뿐만 아니라 아이들이 작품을 만들 때 목표를 가지고 온힘을 다해 책을 만들게 됩니다. 이런 받침대들이 있으면 아이들이 만든 작품에 전문적인 느낌이 들게 할 수 있습니다.

 겟라이팅

- **활용 1**
  두꺼운 선물 포장지를 이용해서 만들어 보거나 콜라주와 몽타주 사진을 장식으로 사용해 봅니다.

- **활용 2**
  책 받침대를 만드는 것이 프로젝트의 빠뜨릴 수 없는 구성요소가 될 수 있습니다. 받침대를 만들기 전에 받침대 종이를 책의 주제와 어울리게 꾸밉니다.

☆ 도움이 되는 힌트 : 여기에 소개된 받침대들은 A4 크기의 종이로 만든 8쪽짜리 책을 전시하기에 적당한 것들입니다. 더 큰 종이로 만든 책들을 전시하려면 받침대를 만들 때 더 크고 두꺼운 종이를 사용해야 합니다.

A자 모양 책 받침대

1. A4 크기의 종이를 가로 방향으로 반 접었다가 펼칩니다. 세로 방향으로 반 접고, 다시 세로 방향으로 반 접습니다. 접힌 가장자리 아래쪽 절반의 오른쪽 모퉁이를 오립니다. 종이의 아래쪽에서 3cm를 재고, 가운데 접은 선에서 3cm를 잽니다. 앞으로 접었다가 펼칩니다. 접힌 가장자리 위쪽에서 3cm 되는 곳을 3cm 오립니다.

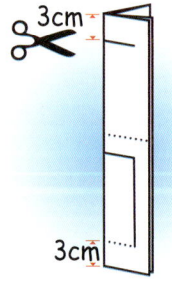

2. 종이를 펼쳤다가 다시 반 접힌 모양이 되게 합니다. 가로 방향으로 반 접습니다. 플랩을 홈에 밀어넣어 받침대를 만듭니다.

→ A자 모양 책 받침대는 두꺼운 도화지로 만들었습니다. 받침대 위에 올려놓은 책 「로마 사람들」은 루이스(9세)가 만든 것입니다.

본문과 맞물린 책 받침대

1. A4 크기의 두꺼운 종이를 가로 방향으로 반 접어 받침대를 만듭니다. 위쪽에서 아래로 2cm를 재고, 접힌 가장자리에서 안쪽으로 4cm를 재서 오립니다. 종이 아래쪽도 위쪽과 똑같이 합니다. 이렇게 오린 부분들을 앞으로 접었다가 뒤로 접었다 펼칩니다. 그림처럼 이 부분들의 가운데에서 1cm를 오립니다. 종이를 펼칩니다.

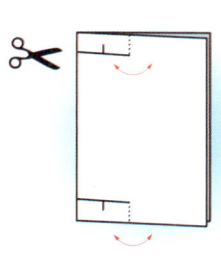

2. 위쪽과 아래쪽 부분들을 안으로 튀어나오게 합니다.

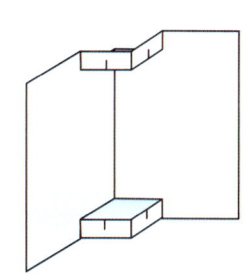

3. 그림과 글을 써 넣을 부분을 만들기 위해 A4 크기의 종이를 가로 방향으로 반 접습니다. 접힌 가장자리에서 2cm를 재고, 2cm 잰 자리의 위쪽에서 아래로 1cm를 오립니다. 아래쪽에서도 위로 1cm를 오립니다. 종이를 펼칩니다.

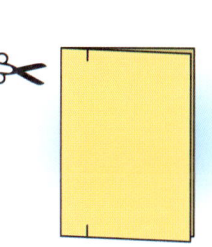

4. 전시할 글과 그림이 있는 면에 있는 오린 부분들을 받침대 역할 하는 면의 오린 부분에 끼워 맞춥니다.

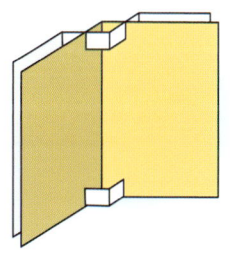

- **활용 3**
이 받침대는 시나 1쪽짜리 프로젝트를 전시하기에 안성맞춤입니다. 받침대를 납작하게 접을 수 있고, 책의 일부분인 표지로 활용할 수도 있기 때문입니다.

- **활용 4**
글과 그림이 들어간 종이를 1가지 색깔로 하고, 받침대를 만들 종이는 그것과 대비되는 색으로 합니다. 이를 테면 노랑과 파랑, 초록과 빨강이 눈에 띄는 색깔입니다.

팝업 독서대

1. A4 크기의 종이를 가로 방향으로 반 접었다가 펼칩니다. 이번에는 세로 방향으로 반 접습니다. 접힌 가장자리에서 그림처럼 오리고, 접은 자국을 2개 만든 다음 펼칩니다.

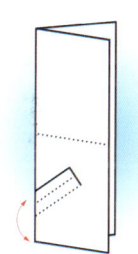

2. 위쪽 절반이 아래쪽 절반 뒤로 가도록 접습니다. 플랩이 바깥으로 튀어나와 받침대 모양이 되게 만듭니다.

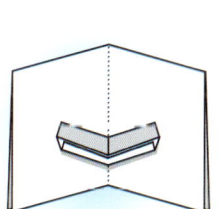

3. A4 크기의 종이로 만든 책을 받침대 위에 올려 놓습니다.

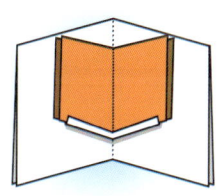

• 활용 5

커다란 받침대 하나를 만들고, 여기에 아이들이 만든 책을 모두 전시합니다. 정기적으로 바꾸어 전시하고, 거기에 '오늘의 책'이라는 이름을 붙입니다.

• 활용 6

핀을 이용해 받침대를 몇 개 붙여서 수직으로 전시할 공간을 만듭니다. 그런 다음 특정 주제를 정해 학생들이 만든 책을 모두 모아 전시합니다.

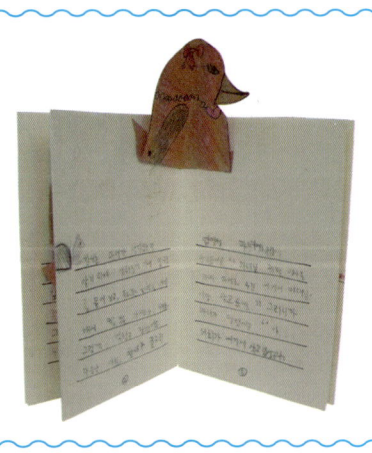

→ 전서현(10세)이 만든 「마녀의 이사를 막아라」입니다. 기본 오리가미 책에 부엉이와 참새, 그리고 독수리 팝업이 나오는 형태입니다. 마녀의 집 창고에 살고 있는 부엉이와 참새, 그리고 독수리를 등장시켜 이야기를 시작했습니다. 마녀의 이사를 막기 위해 동물들이 서로 꾀를 내었고, 결국 마녀의 집에서 행복하게 살게 되는 것으로 마무리되었습니다.

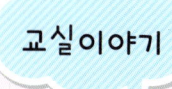

"너희들의 이야기를 들려줘"
아이들과 책 안에 이야기를 담다

● 수업을 하러 가는 길은 처음 아이들과 책만들기를 시작한 8년 전이나 지금이나 긴장되기는 마찬가지예요. 오늘 준비해가는 이 형태나 주제를 아이들이 시큰둥해하며 재미없어 하면 어쩌나, 제 시간에 오늘 준비한 것들을 잘 끝내고 아이들이 한 권의 책을 가져갈 수 있을까, 도저히 이야기가 생각 안 난다며 앉아 있는 아이는 어떻게 이끌어줘야 할까 등등의 수업에 대한 걱정으로 머리가 가득 차거든요.

지난 학기에는 한 초등학교에서 4학년 친구들과 수업을 했습니다. 8주차에 걸쳐서 진행되어서 책만들기의 기초부터 단계별로 차근차근 수업을 할 수 있는 좋은 기회였지요.

긴장된 마음으로 교실로 간 첫 시간에 아이들과 만든 것은 가장 기본적인 '팝업책'이었어요.

아이들은 책을 만들기 전에 물어보지요. "무슨 책 만들어요?" "어떤 거 써야 해요?"라며 오늘 어떤 책을 만들지, 어떤 내용을 써야 할지 말입니다. 그러면 "너희들이 쓸 이야기는 너희 머리 속에 지금 들어 있지. 조금 있다 꺼내 쓰기만 하면 되지요"라고 하면 무슨 말인가 싶어 어리둥절해합니다.

말없이 시작합니다. 종이를 한 장씩 먼저 들라고. 그리고 접고 가위로 오려서 기본 형태인 네모 팝업과 세모 팝업 그리고 입모양 팝업까지 같이 만들어갑니다. 그러면 아이들이 오리고 접었다가 펼쳐지는 과정에서 팝업 만들기에 집중하는 모습을 보이지요. 수업 전에 떠들썩하던 아이들도 "우와~~~!"라고 함성을 지르며 서로 팝업 모양을 가지고 장난치기도 하고, 벌써부터 무슨 모양인 것 같다며 상상해보기도 하며 진지한 모습으로 바뀌어갔지요. 이때 한 마디만 하면 된답니다. "너희 이야기가 나올 준비 다된 거지."

이제 만들어놓은 팝업 중에 한 가지를 정해서 이야기를 만들기로 합니다. 처음 책만들기를 하는 친구들은 이야기를 어떻게 시작해야 할지 잘 몰라 어려워하는 모습이 보입니다. 그래서 한 가지 형태를 가지고 반 친구들과 같이 이야기를 만들어보았어요.

"자, 이게 무엇처럼 보이나요?"

"엘리베이터요."

"택배상자요."

"건물이요."

"로봇이요."

"그래, 그럼 로봇으로 해보자. 그 로봇은 어디에 있을까요?"

"집에요."

"우주선에요."

"공장에요."

처음에는 긴장한 듯하던 친구들도 하나둘씩 이야기가 나오자, 용기가 생겼는지 엉덩이가 들썩일 정도로 일어나서 크게 말해주기 시작했어요.

그렇게 같이 이야기를 나누면서 주제와 장소를 정하고 본격적으로 이야기를 만들어 보았어요. 로봇의 이름은 무엇인지, 무엇을 하고 있는지, 누구를 만나게 되었는지, 어떤 일들을 겪게 되었는지 등등 계속해서 다음 이야기로 진행될 수 있는 질문들을 던지다보니 어느 새 생각지도 못했던 재미난 이야기 한 편이 칠판에 만들어졌어요.

"그래 이렇게 하는 거야! 방금 우리가 이렇게 이야기를 만든 것처럼 너희들도 각자 자신만의 재미있는 이야기를 만들고 한 번 써보자"라고 말하자마자 모두들 신나게 쓰기 시작했어요.

그런데 어느 교실이든 어려워하는 친구들은 꼭 있게 마련이거든요. 역시나 이 교실에도 그런 친구가 있어서 옆에서 재미난 아이디어를 조금 제안해주기도 하고, 이야기의 첫 문장을 같이 만들어주었더니 나머지는 어렵지 않게 써나갔어요.

아이들 모두 이야기의 초안을 다 써나갔을 때쯤 되어 다음 단계를 아이들과 또 함께 해나갔지요. 바로 책 속에 그림을 그리는 방법이지요. 조금 전 반 친구들과 함께 만들어두었던 로봇 이야기를 칠판에 그려보면서 "우리 이야기의 이 장면을 이런 식으로 표현하면 어떨까?"라며 예시를 들어주는 거지요. 그러면 아이들도 금세 자신의 책에 만들어놓은 이야기에 맞는 멋진 그림들을 그려냅니다.

이렇게 책의 내부를 다 완성한 다음, 마지막 단계로 표지에 제목과 작가로서의 이름을 쓰고 나서 뒤표지에 바코드를 붙여준답니다. 수업을 마칠 때가 되자 처음 수업을 시작할 때에 이야기 만들기를 쑥스러워하던 친구들도 이제는 자신의 책을 친구들에게 자랑하고 싶은 마음에 몸이 들썩들썩하지요.

"와! 오늘 우리가 책을 너무 멋지게 완성한 것 같아요. 혹시 내가 만든 이야기를 다른 친구들에게 들려주고 싶은 친구가 있나요?"라고 물어보면 기다렸다는 듯이 여기서 번쩍 저기서 번쩍 손을 들지요. 발표자가 앞으로 나와 큰소리로 읽어주자 듣는 친구들도 진지하게 듣고 "와! 나와 똑같은 모양으로 만든 이야기인데 그 이야기도 멋지다!"라고 서로 칭찬해주며 박수를 쳐주었어요. 발표한 친구 역시 부끄러워하면서도 친구들의 칭찬에 어깨가 으쓱으쓱한 모습이었어요. 결국 그날 수업에 발표자가 너무 많아서 발표하지 못한 친구들의 작품은 선생님과 상의해서 교실 뒤편에 전시해주기로 했지요.

이런 모습을 보면서 '짧은 시간이었지만 친구들이 글 쓰고 책 만드는 시간이 즐거웠고 자신의 이야기 속으로 푹 빠져들었구나'라는 생각에 저도 어깨가 으쓱해진 느낌이었어요.

그리고 수업이 끝나고 정리를 하고 있을 때, 한 친구가 와서 조용히 물어봐주었어요.

"선생님, 다음 시간에는 무슨 책 만들 거예요?"

네, 이미 빠진 거랍니다.
책만들기의 세계에 말이죠.

♣ 광명남초등학교 4학년 교실에서 8회 동안 이루어진 "책 안에 이야기를 만드는" 현장의 모습입니다. 특히 책의 이미지를 통해 이야기를 어떻게 만들어가는지에 대한 과정입니다.

이 소 율 (책만들며 크는 학교 연구강사)

🍃 작품에 참가한 어린이들

김 동 연 (대광초등학교 3학년)

박 규 빈 (대광초등학교 3학년)

김 희 재 (대광초등학교 3학년)

김 희 아 (돈암초등학교 3학년)

조 민 정 (돈암초등학교 3학년)

전 서 진 (돈암초등학교 3학년)

기본 레이아웃 템플릿 1

기본 레이아웃 템플릿 2

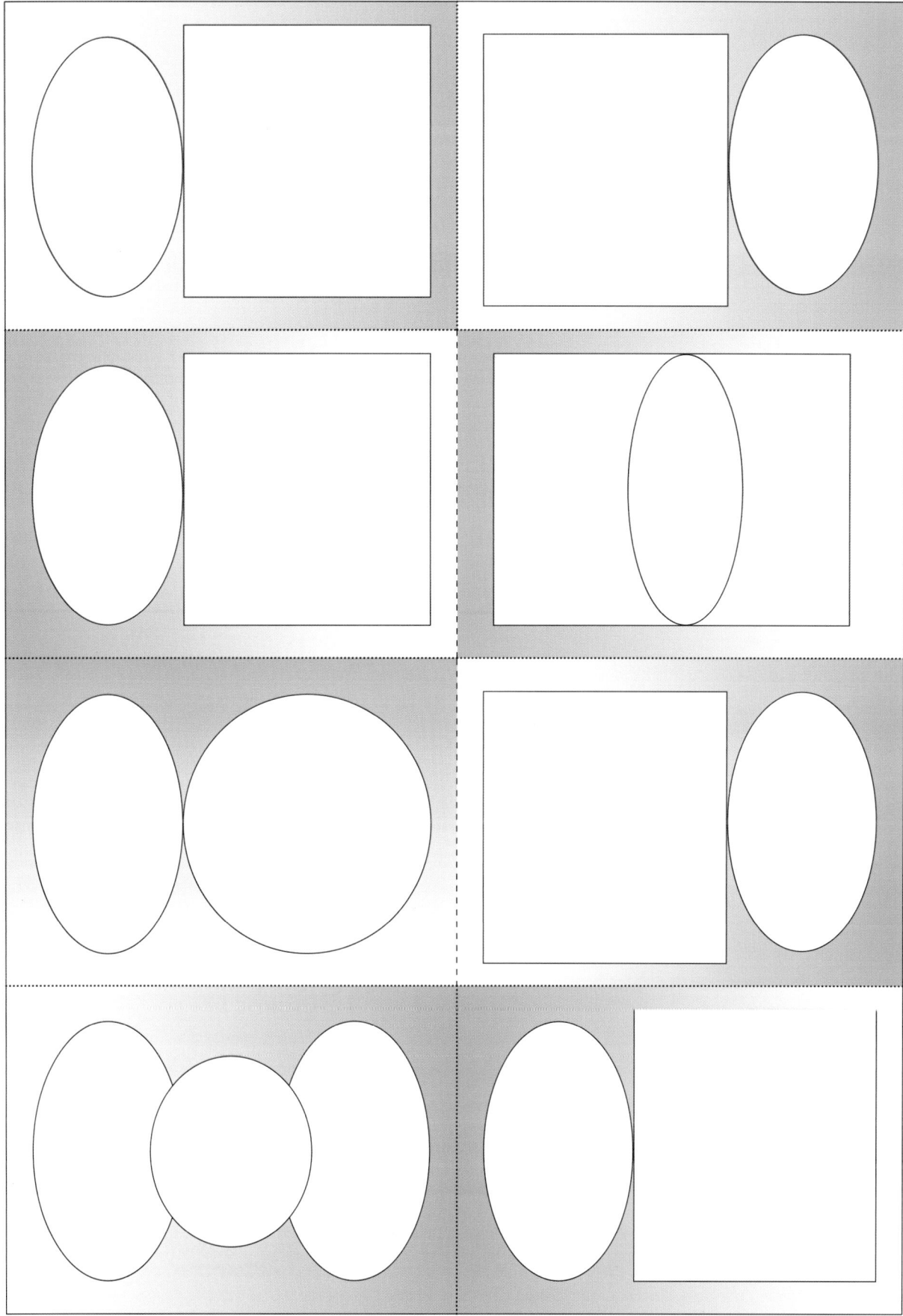

팝업 오리가미 책 템플릿

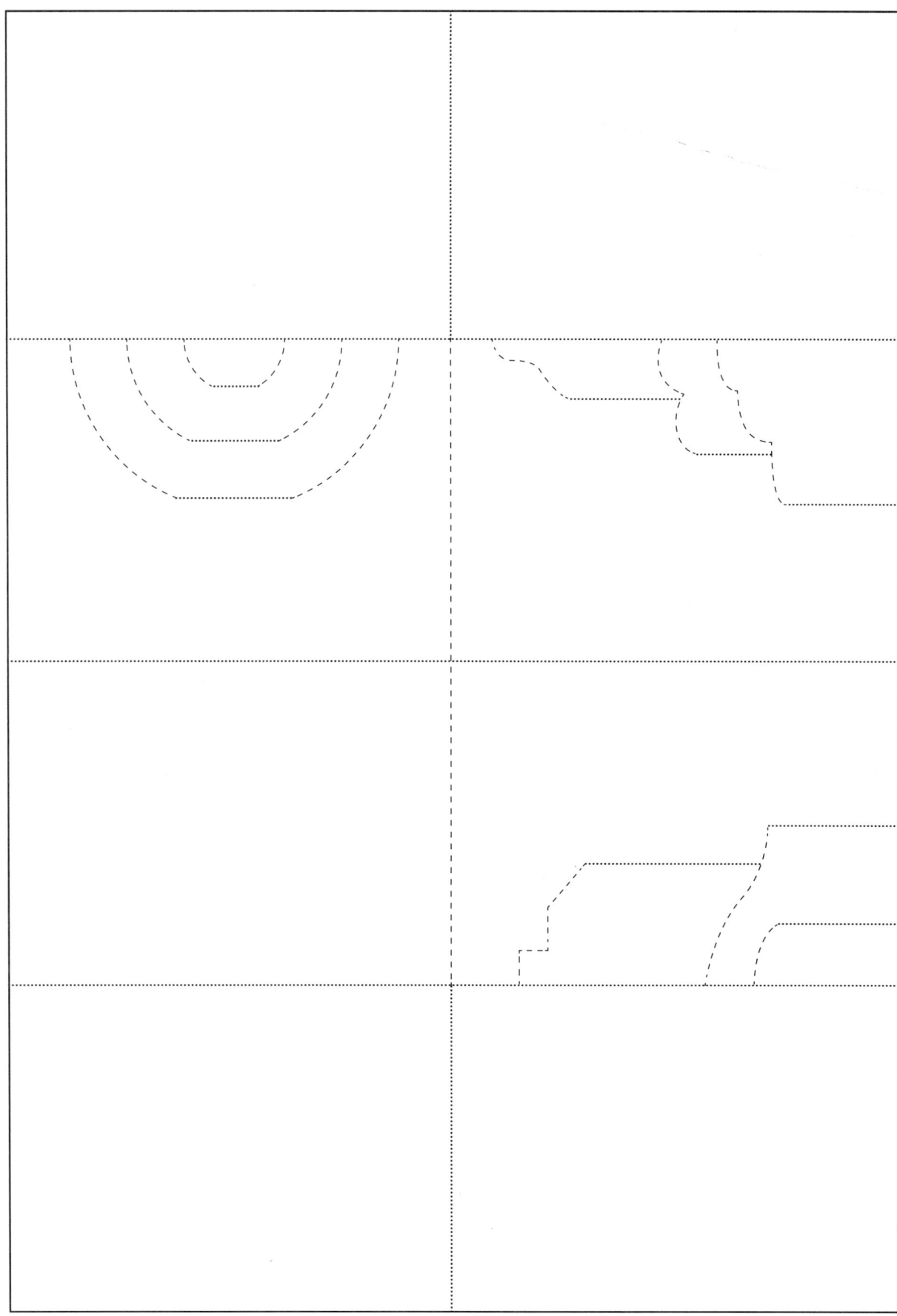

팝업 오리가미 책 템플릿

극장 책 템플릿

책학교 스토리 | 교실 안에서 책만들기 시작!

◆ 빨간 표지의 'making book'이 가져다준 종이 여행!!

책만들기를 출판사의 전유물로만 생각하던 2000년 세계 최대 북페어인 프랑크푸르트를 가게 되었습니다. 영국의 한 부스에서 빨간 표지의 책 한 권이 눈에 들어왔습니다. Making Book이라는 제목에, 부제는 '아이들과 함께 만드는 팝업북 31가지'였습니다. 그 책을 집어드는 순간, 머리 속에 여러 가지 질문이 스쳐갔습니다. "책을 만든다고?" "그것도 아이들이 책을 만든다고?" "그리고 제대로 보지도 못했던 팝업북을 직접 만든다니?" 그 후 영국의 담당편집자와의 이야기 속에서 '폴 존슨'과 '창의교육' '북아트교육프로젝트' 등 책만들기에 관한 모든 귀한 자료들이 쏟아져 나왔습니다. 그후 마음이 조급해서 부지런히 책만들기 관련서들을 만들어내기 시작했습니다. 많은 선생님들과 아이들이 이 책을 보면 환호할 거 같았습니다. 책을 읽는 것뿐 아니라 한 걸음 더 나아가 직접 책을 만든다니…. 이런 과정을 통해 유초등, 중등 시절을 보낸다면 우리의 아이들 중에 멋진 작가들이 탄생될 수 있다고 생각했습니다. 2001년 메이킹북으로 시작, 2006년 「메이킹북 프로젝트」, 2011년 「메이킹북-교실 안 책만들기 활동의 실제」까지 선생님들이 아이들과 만들 수 있는 '교실 안 책만들기' 지침서들은 이런 이야기 속에 펴내게 되었답니다.

메이킹북
폴 존슨 지음 | 김현숙 옮김 | 값 12,000원

'읽는 책'에서 '만드는 책'으로의 놀라운 혁명!
한 장의 종이로 만드는 31가지의 팝업책에 대해 알려주는 이 책은 어린이들이 책만들기 활동을 통해 창의력, 표현력을 높이는 방법을 담고 있다.

메이킹 팝업북
폴 존슨 지음 | 김현우 옮김 | 값 20,000원

한 장의 종이에 디자인・언어・미술을 담는다
이 책의 원제 '팝업 페이퍼 엔지니어(Pop-up Paper Engineering)'처럼 《메이킹북》에서 한 단계 높아진, '다양한 팝업책 만들기' 방법을 제시하고 있다.

메이킹북 프로젝트
폴 존슨 지음 | 나유진 옮김 | 값 18,000원

상상력 열기에서 글쓰기까지 '나만의 책'을 완성하는 방법!
한 권의 책을 만드는 과정 중에 꼭 필요한 상상력 열기와 계획하기에 대한 아이디어를 제시하고 있다.

메이킹북-교실 안 책만드기 활동의 실제
권성자 지음 | 값 22,000원

메이킹북교육 기초에서 응용, 확장까지 이끌어주는 방법
메이킹북교육을 시작하면서 원리를 알고, 응용하고 확장하도록 정리된 지침서. 원격연수의 교재로 온라인교육과 함께 활용할 수 있도록 꾸며졌다.

❋ 나만의 책만들기 ❶ ❷ ❸ ❶❷ ❶❾ | 각 세트 값 7,500원(낱권 1,500원~2500원)

나만의 책만들기 ❶
- 팝업상자책
- 팝업얼굴책
- 나비책
- 솟아오르는 책
- 팝업무대책

나만의 책만들기 ❷
- 회전책
- 회전목마책
- 지그재그책
- 여행 가방책
- 비밀의 문 책

나만의 책만들기 ❸
- 액자책
- 시집 상자
- 여행 팜플렛
- 나만의 비밀 일기장
- 극장책

나만의 책만들기 ❶❷
- 오리가미성책
- 아코디언문책
- 탈출책
- 오리가미팝업책
- 삼각형극장책

나만의 책만들기 ❶❾
- 아코디언 동물책
- 팝업 궁책
- 팝업 이야기책
- 이중 무대책